ovidiu oana-pârâu

Trilogia HISTORIARUM
(povești din vremi apuse)

2018

Trilogia Historiarum (poveşti din vremi apuse)
Copyright ©2018 Ovidiu Oana-Pârâu
Toate drepturile rezervate

ISBN:978-606-8790-06-0

Editura Eagle
Tehnoredactare: Mihaela Sipoş
Ilustraţie copertă: Briena Costache
Macheta: Mihai Moldoveanu

www.edituraeagle.ro
E-mail: office@edituraeagle.ro

Servicii editoriale:
www.editura-virtuala.ro

Descrierea CIP a Bibliotecii Naţionale a României
OANA-PÂRÂU, OVIDIU
   Trilogia Historiarum : (poveşti din vremi apuse) / Ovidiu Oana-Pârâu. - Buzău : Eagle, 2018
   ISBN 978-606-8790-06-0

821.135.1

CUVÂNT ÎNAINTE AL AUTORULUI

... mereu smulge timpul din noi câte o ciozvârtă... dar pentru înţelepţi, asta înseamnă împlinire...

Durerile mele sunt dincolo de trupul din care au migrat împreună cu gândurile, au revenit şi stau ascunse toate în rănile neamului românesc.

Rădăcina mea este înfiptă în mijlocul geografic al neamului acesta, în Ţara Făgăraşului; acolo m-am hrănit cu istoria şi cultura lui, iar sevă şi apă vie mi-au fost nu doar Oltul, ci mai ales Limba Română.

Odată cu alegerea pseudonimului „pârâu", curgerea timpului meu s-a mutat într-o clepsidră orizontală. Asta mi-a permis să pătrund până la izvoarele timpului şi să ating nemărginirea lui.

Historiarum este un studiu de mitologie universală pentru copii şi profanii iubitori ai fărâmelor de istorie păstrate în legende. Forma propusă -versificare rezumativă - este, cred eu, soluţia pentru readucerea şi menţinera trecutului în atenţia tinerilor, în aceasta epocă tehnologizată, în care informaţia, nu timpul, se comprimă.

Historiarum este construit ca o frescă lirică a mitologiei din Antichitatea timpurie, reliefând prin arhetipuri portretizate, universalitatea credinţelor şi unitatea lor în diversitate.

Poezia istorică s-a născut în mine ca respect pentru ceea ce a fost şi cu speranţă pentru ceea ce va fi. Istoria nu ne cere decât deschidere spre adevăr şi recunoaşterea limitelor noastre în a ne apropia de începuturile ei, pentru a ne regândi devenirea.

Vreau să cred că, împreună cu sponsorii volumelor mele şi cu cititorii mei, facem ceva deosebit pentru ţara asta: o ajutăm să-şi păstreze vie cultura şi limba.

Esența filozofiei mele de viață este exprimată în sintagma: „viitorul se află în urma noastră, nu înainte, și este reprezentat de eternele noi generații." Astfel merg înainte, având grijă de ceea ce las în urmă - total opus devoratorului „trăiește clipa".
Pentru unii, cultură înseamnă să preia, brut sau ușor modificat, bucăți sau fragmente din cele prin care au trecut; pentru mine, toate câte le-am văzut cu ochii, le-am lăsat neatinse. Pe fiecare spiritul le marca sau nu ca repere pentru calea ce voiam eu să urmez.

Eminescu ne îndeamnă să privim infinitul;
Brâncuși ne arată cum o putem face...

De-a lungul vieții am aspirat esența tuturor culturilor, le-am rafinat și acum le restitui ca o ploaie ai cărei picuri sunt cuvintele limbii române.
Eu cred că poezia este unul dintre instrumentele lui Dumnezeu și a fost dată omului pentru a exprima nu nesupunere, ci libertatea gândirii.
Frăția artei este universală, pentru că sufletul creatorului hoinărește dincolo de limitele fizico-geografice convenționale, dăruindu-se.
Poveștile sunt viața oamenilor, redată mult mai târziu de alți oameni care se hrănesc cu ele...
Viitorul expiră ACUM dacă nu luăm lucrurile în serios, administrând judicios bogățiile, nu secătuindu-le prin lăcomia și nepriceperea noastră. Țara asta trebuie să iasă din războiul impus de alții, ei cu ea, și să se scuture din nou de lepădături!
Adaug cu inima strânsă: „Proștii uită trecutul, idealiștii uită prezentul, iar nechibzuiții uită viitorul".
Singura apă care curge spre înapoi este Timpul, iar prezentul este stropul trecut dinspre izvoare de lumini.
Vă îndemn să căutați și să credeți în filonul extraordinar de inspirație pe care-l reprezintă satul românesc.

Nu există drum fără început, aşa cum nu există prezent şi viitor fără trecut. Iar asta este valabil şi pentru poezie.

Toată această adunare de suflete întreţese creaţia populară cu cea cultă în ceea ce numim spiritualitate naţională.

Oameni buni, se sting doar veacurile! Lumina adevărată îşi caută, neîntinată, calea iar Pământul tot este o arcă! Foc, aer, apă şi pământ, lumină ori întuneric, dar nu uitaţi de Spirit!

Universul este nesfârşit pentru că altfel, o dată ajunsă la margini, lumina s-ar întoarce negându-se, dar făcând şi timpul reversibil.

Nu trebuie să vă placă ceea ce spun eu. Doar luaţi aminte şi veţi şti!

Deschideţi larg porţile sufletelor, priviţi cu respect către toamna dusă şi spuneţi: „Bun venit, Iarnă! Bun venit, Primăvară! Bun venit, Vară!"

HISTORIARUM este, în fapt, o trilogie lirică structurată astfel:

Partea I - METAMORFOZELE versifică lucrarea binecunoscută a lui Ovidiu Publius Naso.

Este un modest omagiu adus lui la 2000 de ani de la trecerea în eternitate a primului poet care a scris (şi) în limba locuitorilor aflaţi între fruntariile Geto-Daciei în acele vremi.

Partea a II-a - APA VIE cuprinde legende geto-dace mai puţin cunoscute în zilele noastre. Ele vin din negura vremurilor, iar prezentarea lor în formă versificată preia enunţurile mitologice locale născute în antichitatea timpurie, adăugite cu câteva poeme despre fapte din perioada feudalismului românesc până în sec XVI. Acest capitol din volum este cuvântul nostru de închinare pentru Centenarul Marii Uniri. Ca îndoit tezaur, pentru alcătuirea legendelor din această parte, am folosit peste jumătate dintre cuvintele identificate de specialişti ca fiind de sorginte geto-dacă.

Partea a III-a -ATLASSPIRITUS- versifică, într-o formă accesibilă cititorilor, legendele culturilor şi civilizaţiilor antice, conservând acurateţea etimologică şi toponimică a faptelor relatate.

Personal, consider că toate aceste trei tablouri se completează reciproc, ilustrând încă o dată unitatea în diversitate a spiritualităţii de pe Terra, în dimensiunea /complexitatea ei geografică şi temporală. Temele abordate contrazic, în mod evident, orice formă de segregaţie manifestată cu precădere în ultima jumătate de mileniu, şi mai ales în perioada contemporană.

... miracolele sunt miracole tocmai pentru efemeritatea lor...
Singurul miracol etern este viaţa însăşi...

N.A.
Cea mai mare provocare a scrierii Trilogiei Historiarum [Metamorfozele şi Atlasspiritus] a fost aceea a ieşirii, ca autor, din matricea credinţei în Dumnezeu. Termeni ca onoare, adevăr, dreptate sunt aceiaşi, dar valorile sunt diferite. Pentru că oamenii Antichităţii despre care scriam se aflau într-o confruntare nedreaptă cu nişte zei răzbunători, nedrepţi, egoişti, lacomi, incestuoşi, adevărate repere imorale care au prefigurat calea societăţii de astăzi. Iar eu, bardul, trebuia să folosesc în mod familiar cuvintele care corespundeau fiecărei astfel de situaţii sau stări.

Lucrurile au fost diferite pentru Apa vie, pentru că aureola trebuia împărţită între mireni şi Zamolxe - Patriarhul spiritual al Geto-Daciei şi calea către Dumnezeul unic, Demiurgul conceptual şi funcţional opus personajelor din religiile politeiste.

Şi a trebuit să alternez aceste poziţionări în funcţie de legenda pe care o prelucram în acel moment. Apoi, stările rezultate le-am împachetat ca pe o costumaţie ocazională, ca să revin la ceea ce ştiu că sunt.

ovidiu oana-pârâu
Martie 2018

TRILOGIA HISTORIARUM
(prolog)

... ŞI AU NUMIT-O CARTE

Venea înspre pământuri din cer înţelepciune,
ce-o adunau sihaştrii şi o credeau minune,
trăiri pe care dânşii ferindu-le de moarte,
le-au dat o formă nouă şi au numit-o carte.

S-a aşezat în vreme trăirea omenească,
schimbându-se din haos, în ordine lumească;
să poată să o ducă prin timpuri mai departe,
au strâns ce-i bun din toate şi au numit-o carte,

Ce-a zămislit în lucruri statornice natura,
a copiat poezia, pictura şi sculptura
şi preschimbând frumosul, în muzică şi arte,
l-au rafinat ca formă şi au numit-o carte.

Dar peste toate astea, a lumii devenire,
cu lunga ei cărare şi-n viitor menire,
au luat porunca sfântă, în suflet să o poarte,
au scris-o în versete şi au numit-o Carte.

02 iulie 2006

TRILOGIA HISTORIARUM
(partea I)

METAMORFOZELE

după Ovidius Publius Naso
„Moartea are drepturi doar asupra trupului şovăielnic, sufletul continuând al său drum, peste înaltul văzduh" (Ovid)

GENEZE

Neroditorul Haos

Mai la'nceput de toate, când stăpânea genunea,
Iar nefirescul însuşi cu ea se'mpreuna,
Neptun, Uranus, Geea n-au prins a se'nscăuna
Şi nici Apollo, Febe, nu-şi împlineau minunea.
Amestecate'n ele şi din nimic desprinse,
S-au rostuit în vreme cer, aer şi pământ,
Oglindă forţei care, la fel, prin necuvânt
A'ndestulat nimicul cu mii de stele'aprinse.

S-a săvârşit normalul, natura îmblânzită.
Trăirii, zeii înşişi, i-au dat un sens rodirii
Perpetuând prin moarte secretul nemuririi,
Nescrisa lege'a firii, e viaţa împlinită.
Vieţuitoare, iarbă, copaci şi zburătoare,
Iar în risipa asta de sunete şi'arome
Se-amestecau feeric accente policrome,
Dar mai lipsea el, omul, fiinţa gânditoare.

L-a zămislit din luturi cu apă frământate,
Împrumutându-i chipul, măreţul Prometeu
Athena'nţelepciune, putere de Anteu,
Simţire şi iubire în suflet încrustate.
Neroditorul Haos s-a preschimbat în Lume,
Un Univers, Olimpul, jos Terra şi Infernul,
Convieţuind cu toţii şi împlinind eternul:
La fiecare soartă, un purtător de nume.

08-09 nov 2012

QUATTRUM AETATUM

Preamultul neplivit, devine pirul!
Ogorul cunoscut metehne-adună,
Schimbate peste timp în mătrăgună,
Prisosul ei plătind prostiei, birul.

La vârsta-ntâi, din aur,
S-a întronat dreptatea,
În toate, demnitatea,
A fost întâiul faur.

Se clatină pacea, e timp de amar,
Lumina păleşte în rece argint.
Fulguratorul schimbă-n hiacint
Pacea, zvârlind pe Saturn în Tartar.

E vreme de chin în argentum!
Sub arşiţi şi secete zace
Pământul rănit. Cerul tace,
E răul supremul perfectum.

Când vezi armonia-nglodată-n ură,
Sudalma, blestemul, pumnul ridică.
Războaie, măceluri, marea de frică,
Netrebnici, pacea, în van o adjură.

De astăzi cuvântă arama!
Doar umbre mai sunt sacerdoţii
Domnia se-nhamă cu hoţii,
Uitată şi frântă-i calama.

Comori în cămări îşi revarsă pământul,
Astreea se-ascunde în tainiţe mute,
Giganţii fac munţii în grabă redute,
Îi mântuie Pelion şi scapă Olimpul.

E veacul ultim fierul
Şi neam pe neam se-nfruntă,
De sânge nu se zvântă
Nici ţarina, nici cerul.

Mai trece mult timp până când Prometeus
Fura-va scânteia ascunsă-n Mytikas,
Şi scrisul să-şi afle izvorul în Parnas,
Puterea se-aşază pe Tronul lui Zeus.

17-18 feb 2017

Potopul

Vai vouă! Tună Jupiter. Netrebnici!
Jur pe Infern că am iubit pământul
Lycayon însă, mi-a sortit mormântul
Să-mi aflu între ei, cei îndărătnici.
Ca să-l sfârşesc am hărăzit potopul,
Ei, faunii, silvanii şi satirii
Se vor salva de răzleţirea firii
Iar ura mea să îşi atingă scopul.

Dar mai întâi, cu trăznetul, în frunte
L-am miruit, cenuşă-i e palatul,
Frânt pe vecie fuge dăbălatul,
Destin firesc când zeii vrea să-nfrunte.
Schimbatu-l-am în lup, flămândă fiară
Lipsit de suflet, jertfitor de sânge
De-acum îşi urlă soarta când va frânge
Ciozvârtele din cei sortiţi să-i piară.

Tălazuiască râuri, fiarbă ape!
Jos lacurile se unesc cu marea
Prea laş, un zeu, şopteşte întrebarea:
– Dacă va fi, potopul să-i îngroape,
Ofrande, cine oare va mai duce
În temple ori va-ndestula altare?
Pe veci, credinţa, inundându-i, moare
Iar legile din veac rămân caduce!

Se trec copaci şi iarba în adâncuri,
Jivine mii şi oameni fug spre creste

În urma lor, Uranus hărăzeşte
Puhoaie revărsate pe oblâncuri.
Iar mult în urmă, ancoraţi de steiuri,
Deucalion şi mult iubita-soaţă
Curaţi nespus la suflet, reînvaţă
Să pună vieţuirii noi temeiuri.

17 feb 2017

CADMUS

Crud, Fulguratorul, s-aprinde în cer.
Smintit, Europa, fecioara el fură.
Sfârşit, Agenor, umilinţa îndură
Adusă de Maximus zeu Jupiter.
- Porneşte iute! imploră pe Cadmus
Bun frate fecioarei răpită-n Fenicia.
Juninca îl poartă departe-n Beoţia
Cum sfat îi da-se zeu Soarele Febus.

Răsplată la muget, cuvânt de aur,
Ofranda se pierde sub şuierul groaznic
Din limbi fioroase şi-n urmă, amarnic,
Pădurea iţeşte trup de balaur,
Îi spintecă fraţii dusman fioros,
Şi Cadmus prea trist se opreşte din vorbă,
Cu piatra-l sminteşte, săgeata din tolbă,-l
Răpune iar hoitul emană miros.

Atena se-ndură de tinerii stinşi,
Nu-i lasă morţi să îi plângă părinţii,
Îndeamnă Eroul să semene dinţii
Vădi-va ogorul soldaţi neînvinşi.
Pe dată se-nalţă prea falnici bărbaţi
Din sânge şi brazde crestate cu plugul,
Pe toată câmpia aflată sub crugul
Selenei se află eroi înarmaţi.

Pe locul ştiut desenează hotar
Şi-ndată înalţă cetatea lor sfântă

Doar de machedoni peste veacuri înfrântă-i
Puternica Teba şi sfântu-i altar.
Aici, mai târziu, se va naşte Oedip,
Copil nedorit, alungat pe vecie,
Şi chiar Dionis, zeul vesel ce-nvie
Lăstar pentru vin în nerodnic nisip.

28 feb 2017

Neclintitul Chronos

Nimic nu clatină tăcerea ...
Doar sunete încremenite,
Voci care-așteaptă, zgribulite,
Să umple, timpul, încăperea.

Iar el, tic-tac-ul, se prelinge
De jos în sus, precum tăișul
De sabie, când netrimisul
Ecou, în depărtări, se stinge.

De-odat' pendulul sângerează ...
Întâi secundele, minutul
Care pătează așternutul
Brocart, peste simțirea trează.

Apoi, năvală ne-ngrădită!
Diforme ore... zile... veacul...
Hapsâne, devorând tic-tac-ul,
Ca o cascadă infinită.

Olimpul, Chronos neclintit,
Ignoră zbaterea din lume,
Refuză ferm să dea un nume
Tăcerii ce s-a risipit.

02 mar 2016

Naiadele

Ştiţi, voi, ce-s acelea Naiade şi unde-s
Născute ? Din care trecuturi se ţese
Povestea acestor pe veci nemirese?
Ovid ne ajută şi tâlcul patrunde:
Rutulii sunt prinşi sub asediu. Enea
Aduce corăbii la mal şi ostaşii
Coboară în bărci iar în urmă, arcaşii,
Azvârl cu săgeţi ucigând pe aceia

Trimişi să arunce-n corăbii cu smoală
Aprinsă. Vai, rugul deja se-nteţeşte!
Făcute sunt toate din pinul ce creşte
Pe multele Ida. Cibele-şi răscoală
Mânia spre Turnus: - Degeaba verşi focul!
Aceştia sunt pinii pădurilor mele
Şi pânze măiastre-s ţesute în vele.
Chema-voi toţi norii să-ntunece locul!

Pocneşte, zeiţa născută în Frigia,
Din biciul divin, carul ei se urneşte,
Rag leii spre focul ce creşte, tot creşte
Tridentul marin peste nori e efigia
Furtunii stârnite. Rup vânturi parâme,
Catarge se frâng, vântul valuri dezleagă.
Oştenii-s pe maluri dar flota întreagă
E prinsă-n abise în mii de fărâme.

Cibele n-a vrut pinii ei să se piardă.
Îi preschimbă pe dată-n făpturi omeneşti,

Naiade frumoase ce-n alte poveşti
Vor face pâraie şi râuri să ardă.
Plutesc printre ape voioase fecioare
Năimindu-i pe oameni să vină-n adâncuri
Cu nurii zeieşti şi himerice cânturi,
Jertfiţi în abise-ntre nemuritoare.

31 mar 2017

Amazoanele

Războiului zeu, Ares şi Armonia
Odrăslit-au demult prea mândre fecioare
Prea ştiute în lume, moştenitoare
Prin mamă luat-au din zeu, duşmănia.
Un trib de femei peste Pont Euxinus
Crescute anume să mânuie arme
Bărbaţi ori duşmani sunt chemate să sfarme,
Oricând, dar o dată pe an sunt doar Venus.

Regine-Antiope şi cu Hippolyta
Poporu-şi conduc, fecioriei lor paznic,
Călare ori nu, ele luptă năpraznic
Chiar dacă pe trup au veşmânt de-Afrodita.
Pe sânul tăiat ele-şi sprijină struna
Vibrândă cu trupul când arcu'-ncordează
La brâuri custuri oţelite aşază
Cu suliţe, moarte provoacă întruna.

Dar cea mai cumplită unealtă-i toporul
Vestit ucigaş, erinii dezinvolte
Îşi apără trupul ferite de pelte
Din inimi îşi are izbânda, izvorul.
Temute-s în lumea întreagă, o carte
Cu lupte purtate se-ntinde pe zile
Panthesilia l-a corupt pe Ahile,
De erou iubită, darul ei de moarte.

Au fost venerate-n vechime în Sparta,
Şi-au scris vitejia pe stele, în Parnas.

Par vii în sculpturile din Hallicarnas
Şi marii poeţi ogliditu-le-au soarta.
Iubite de zei, sunt o dată-n an, roze,
Rodind iar femei trupuri de amazoane.
Istorii noi, păsări şi lighioane,
La Ovid vom găsi, în metamorfoze.

27 apr 2017

Muzele

Inquam:
„M-am întrebat: – De unde scrisul,
Ori silnicia prin cuvinte?
Abia târziu am luat aminte:
Eu, mie'mi sunt etern trimisul..."

Aezii spun că lumea s-a întrupat din haos,
Și-au pus pe frunte zeii, ca semn, eternitatea.
Zadarnic, muritorii, cată în cer dreptatea,
Li-i rânduit destinul și Muzele-s adaos
Ca borne pentru spirit, nicicum să îndrăznească
Firava creatură, cumva să se răscoale
Și folosind cuvinte schimbate în pumnale
Cândva, Olimpul, silnic, să-ncerce să sfârșească.

La începutul lumii, i-au dat pe rând cetății
Un trio de repere, memoriei, pe Mneme,
Ca să înalțe imnuri, pe Aoide cheme
Când vor voi. Melete e muza sănătății.
N-a fost de-ajuns, se pare și rânduială, vouă
A poruncit tot Zeus, unit cu Mnemosina:
Adevăratul spirit își va afla regina
Doar îndrumat de Muze, fiicele lui, nouă.

Prima, **Calliope,** mamă lui Orpheus,
Lumii cunoscută ea va fi faimoasă,
Elocinței muză, vocea ei frumoasă
Regi și prinți inspiră urmașa lui Zeus.
Dăltuită-n piatră, poartă lira-n mână,

Alteori papirus şi gingaşă, pana
Stihurilor blânde naşte olimpiana,
Lauri, strălucirea frunţii i-o-ncununa.

Clio e patroana înzidirii-n versuri
Epicei zicale „faptă şi răsplată"
Toţi eroii zilei, în legende-şi cată
Gloria eternă, cei învinşi, batjocuri.
Cărţile din mână-s semn de demnitate.
Mâine nu există-n foile veline!
Clio-nseamnă spirit ce din urmă vine,
Fiul Hymenaios, doar fragilitate.

Pentru bucurie, muza-i **Euterpe,**
Şi pentru orgiile dionisiace.
Flautul sau lira, ori când vântul tace
Parnasul revarsă numai clipe sterpe.
L-a născut pe Rhesus, cel pierdut departe
Regele din Tracia, luptător la Troia,
Ucis de Orpheus când încalcă voia
Mamei ce-l ferise de prea cruda moarte.

Thalia strămută comedia-n scene
Dezvelind anostul, siluind prostia,
Rolul ei în teatru, fină ironia,
Râsul plin, surâsul, nu ca Melpomene.
Goarna şi trompeta, sunt semnal: Urmează!
Iedera pe frunte, fapte încâlcite-n
Texte savuroase sunt dezvăluite,
Satira păstrează conştiinţa trează.

Viaţa alternează dulce cu amarul,
Melpomene-aduce tristul repertoriu
Povestind de pasul înspre purgatoriu,
Ori cei ce lui Hades i-au trecut hotarul,

Locul depănării clipelor deşarte,
Cuvenit popasul lor în veşnicie,
Epică poveste prinsă-n tragedie,
Tristei măşti tribut în cele şapte arte.

Unduire lină, val, alunecare
Vârtejiri de vânturi în nebune hore,
Astfel ne îmbie însăşi **Terpsichore**
Muzica să-ndemne fina delectare.
Dans fără cuvinte, trupuri împletite.
Pasul lent ori iute, uneori atingeri
Voluptate aspră, învoalări de îngeri
Cheamă şi-ntărâtă magice ispite.

Fierbă vinu-n cupe, treacă-se-n sudoare
Hulpava **Erato** a-ntronat ispita
În cuvântul care va robi iubita,
Smulsă fecioriei plină de candoare.
Poezia-i şarpe coapselor şi-n pântec
Duce pe oricine-n ţara dintre vise,
În alint se schimbă răscolind abise,
Încrustând plăcere-n mult dorit descântec.

Nicidecum la urmă nu e **Polimnia**
Aura-i cuprinde imnul, pantomima.
Sigur, nemişcarea nu cuprinde rima
Formei dă răspunsul ferm geometria.
Stimulând memoria, neuitare poartă.
Ceremonioasă, muza-şi poartă voalul
Peste omenire, împletind astralul
Şi nemărginirea în banala soartă

Căreia **Urania,** prin astronomie
Muritori sau zeii devenirea-şi cată
Neştiute semne află-n orice dată,

Numere conjugă în astrologie.
Paj al Persefonei pe tărâmul morţii
Vieţuind cu Hades, ispăşindu-şi vina
Pentru toamnă, iarnă,-ncarcerând lumina,-n
Vremea primaverii, îmblânzindu-şi sorţii.

Spiritul e omul, Muzele veghează
Focul viu, suflarea, forţa creatoare
Peste toate astea, Muză protectoare
Ne-ntinată-n vreme, Hestia tronează.
Mărite Zeus, iubind pe Mnemosina!
Trecuţi prin Parnas, poeţii pot să zboare,
Dincolo de timp şi mai presus de soare,
Iar pentru asta, fie-ţi iertată vina!

22 - 28 sep 2017

ERYSICHTHON ŞI METRA

De ce vor ei, oare, din trupu-ţi să fure
Sluţindu-se singuri cu minte sordidă?
Ciuntesc fără milă din verdea hlamidă
A lumii ce plânge sub glas de secure.
Poţi lemnul să-l faci adăpost sau căldură,
Ori arc şi săgeată, unealtă sau leagăn
Chiar chipuri cioplite sau car fără seamăn,
Dar nu-l poţi sminti nebuneşte, din ură.

Cândva, în Thesalia, Tezeu ascultă
Poveşti depănate de un râu, Calydon,
Cu zei şi cu oameni, rege Erysichthon,
Olimpul înfruntă... legenda-i mai multă.
El nu venerează nimic, în altare
Miresmele-s cele aduse de vânturi
Ofrande lipsesc, doar ecou poartă cânturi
Din temple aflate departe în zare.

Pădurea lui Ceres a fost s-o lovească
Şi din toţi copacii, chiar stejarul ei sfânt,
Din nelegiuire l-au culcat la pământ,
Strigând spre zeiţă ura lui, lumească.
Driadele plâng de această-nspăimare
Zeiţei îi cer pe tâlhar să-l lovească,
Prin aspru blestem vor să îl urgisească
Sluţindu-l pe veci fără nicio-ndurare.

- Degrabă aleargă spre negura scită!
Ia carul meu tras de balaurii trei.

Să pui vrednicia 'nainte, temei!
I-a zis oreadei drept sol s-o trimită
În ţara în care stau geruri la pândă,
Să scormone bine prin paliditate
Îndată s-o cheme să facă dreptate
Pe cea hărăzită, pe Foamea flămândă.

Aceasta ajunge-n iatacuri regale
Pe Erysichthon prins de somn îl găseşte
Cu aripi schiloade ea îl înveleşte
Şi-n vintre îi suflă pedeapsa, agale.
Acesta începe deodat' să viseze
Doar mese întinse, mâncări nevăzute
Trezit se înfruptă din roade avute
Averea îşi toacă prin poftele treze.

Nimic nu-i ajunge, supuşii înjură
Degrabă s-aducă bucate, oricare
Putea-va s-aline din foamea lui mare
Va fi răsplătit. Chiar pe Metra conjură,
Pe fata lui bună ar vrea să o vândă,
Pe tot ce de-acum are gust de mâncare,
Flămândul cel lacom lipsit de onoare,
Acelor bogaţi ce de-acum stau la pândă

Să-i fure palatul în păraginire
Şi ţara ce fost-a odată bogată,
Sleită de toate, de el devorată
Iar Metra acceptă ca semn de iubire.
Cândva şi-a pierdut cu Neptun fecioria
Drept dar a primit mai apoi preschimbarea,
Oricând va voi, va-nnoi-nfăţişarea
În orice e viu şi astfel aporia

Sminti-va pe cel ce luat-o cu plată

Crezând ca a lui fi-va veşnic să fie,
În fiece zi, astă-nşelătorie
O face hrănindu-l pe dragul ei tată.
Nimic nu-i astâmpără foamea cumplită.
Un rege temut, doborât de emfază,
Sfârşit e de-acum, el pe el devorează,
Iar Ceres priveşte pedeapsa-mplinită.

Pământul ne dă îndeajuns bogăţie.
Nu cere nimic. Ce se află sub soare
Şi-ntregu-i avut, a-l primi e-o onoare
De cei ce-l respectă şi îi reînvie
Covorul de iarbă şi zestrea de verde
Nu doar ca omagiu dat frumuseţii,
Egală balanţă a morţii şi vieţii.
Sfidând legea firii, natura vom pierde.

06 dec 2017

ARIPI

Prolog

Între oameni şi zei, o mare de suflet,
Cu liman despotic, casa lor, Olimpul.
Pentru muritori e viaţa doar răstimpul
Dintre rău şi bine şi apoi, neumblet.
De la cer, zeii-şi iau libertăţi, ne-ngrădit,
Drept de moarte ori trai. Umila făptură
Vieţuieşte sigur dacă nu îndură
Furia celestă sau nu e osândit.

Când sfârşeşte trupul, sufletul lui trece
Spre nemărginire, până la hotare,
Mai apoi revine în noi avatare,
Nou destin ori soartă astfel îşi petrece.
Desluşim în cântec nu ce-nseamnă zborul,
Nu despre onoarea de-a străbate zarea,
Ci despre aceia ce-au aflat cărarea
Pe albastrul boltei şi tovarăş, norul.

10 apr 2017

MEMNON, PASĂREA DURERII

Vai nouă! De-atâtea păcate şi rele
Gândite în vremuri, făcute de zeii
Trufaşi ce-au mânat înspre Troia, aheii,
Nu-i apă în mare ori ploaie să-i spele.
Hecuba, regina, îşi plânge odorul
Şi vrea să-l răzbune-omorând asasinul,
Femeile-l leagă şi ochii-i scot. Chinul
Abia se porneşte căci tracii cu norul

De pietre, săgeţi şi blesteme-o alungă
Să-şi urle durerea, căţea pripăşită.
Se-ntunecă cerul, o zee-i păţită,
Seninul ei cere la Joe s-ajungă.'l
Cuprinde picioarele şi îl imploră,
Vrea răzbunare din cer spre Ahile,
Acel ce-a ucis şi lăsat fără zile
Pe Memnon, fiu-sfânt mamei lui, Auroră.

De jale,-n Olimp, se aşterne tăcerea,
Stăpânul, el, Jupiter aţâţă focul
Şi fumul, şi ceaţa îşi înteţesc jocul,
Să ardă-mpreună cu rugul, durerea.
Cenuşa se strânge în reci ghemotoace
Din care noi stoluri de păsări ridică.
Se-mpart în duşmani ce se trec fără frică-n
Cenuşă, iar păsări, cenuşă vorace

Ca noi Mnemonide şi răzbunătoare
Se-nalţă, se luptă şi-acopăr mormântul

Acelui jertfit lor şi-apoi din cuvântul
De zeu juruit zeei nemuritoare.
De-atunci, dimineaţa din ziua cea nouă
Se-mbracă în haina iubirii de mamă.
E ea, Aurora, ce fiului cheamă
Cenuşa cu lacrimi schimbate în rouă.

02-03.03.2017

Porumbițele

De vremi nebune a fost plin pământul.
Războinicii-s eroii, nu-nțelepții
Sau cei ce rost au scris în cartea vieții ...
Dar să lăsăm să se-nfiripe cântul!
Se frânse Troia, flăcări se ridică,
Pe locul falnic doar cenușa zace.
Oamenii simpli, doritori de pace
Imploră zeii, alungați de frică.

Eneas poarta-n spate pe Anchise,
Bătrânu-i tată și pe fiu Ascaniu.
Se-ndepartează de decorul straniu
Își duc departe visele ucise.
Ce lungă-i calea către pribegie!
Și câte lipsuri, rele câte-ndură!
Ajunși la Delos, regele conjură
Să-i găzduiască-n mândra ctitorie.

Iar Anius, degrabă, poruncește
Pe nou veniții să îi ospețească
Și loc de mas îndat' să le găsească,
Apoi, tristețea lui le povestește:
- Fiul meu Andros e plecat departe,
Iar cele patru fiice sunt captive
La Agamemnon, fără de motive,
Și dorul lor mă duce către moarte!

Răpite-au fost că n-a voit nici arme,
Nici hrană și nici vin să dăruiască

Oştenii greci spre lupta nefirească
Voind mândria Troiei dragi să sfarme.
Iar fetele l-au implorat pe Bachus
Să frângă nedorita colivie.
Mai bine moartea şi-ar dori să vie,
Urmaşele din neamul lui Dardanus.

Li-s rugile îndată ascultate,
Un stol de porumbiţe se desprinde.
Plutirea, tot albastrul le-o cuprinde,
Simbol de pace şi de libertate.

31.03.2017

Egretele

În vremi dinainte de Roma, Enea,
Primea pe Lavinia mândră soţie
Dar pace prea multă n-a fost să mai fie
Căci naşte invidie. Turnus, de-aceea,
Trimite un sol către brav Diomede.
Eroul refuză dar îi povesteşte
Spre Troia sfârşită el parcă priveşte
Şi-apoi băjenia spre casă el vede.

Sub ura lui Venus corăbia-şi poartă
Pe mări, prin furtuni şi atâtea primejdii
Ce zeul Neptun pune-n calea nădejdii,
Ar vrea să-i scufunde. Amarnică soartă-i
Aşteptă când Acmon speranţa-şi rosteşte
- El, omul, adesea, învinge necazul!
Zeiţa-i blesteamă, nou haină, penajul
Ca neaua pe trup şi aripi le meneşte.

Egrete le-au spus. Peste ţărmuri de sare
Li-i zborul plutire să-şi afle pierdute
Destine şi ning pe sub bolte tăcute
Dureri şi ascultă a mării chemare.

10 apr 2017

PICUS - CIOCĂNITOAREA

Când poftele-s oarbe se-adună nesaţul,
Flămândul cerşeşte să ia ce îi place
Nimic nu-l opreşte şi nici n-are pace
Jerfeşte iubirea robind-o cu laţul.
Aceasta-i morala, 'nainte-i povestea
Lui Picus cel tânăr, frumos peste poate,
Dorit de zeiţe, de nimfele toate
Şi de pământene. În lumea lui, vestea

Răzbate prin crânguri, prin codri, departe
Îl place văzduhul şi apa cea lină
El doar înspre una-i cu inima plină,
Spre fata Veniliei şi Ianus împarte
Uitarea şi dragul. Se-mbată de glasul
Copilei cu voce şi cântec divine.
Şi ea îl adoră, soţie-i devine
Doar unul spre altul li-i dorul şi pasul.

Dar zilele nu-s numai lapte şi miere,
Nu! Nu ştie omul ce poate să-ndure!
Stă Circe ascunsă-n desiş de pădure
Dorindu-l nespus, dar blândeţea îi piere.
Când Picus prea dârz îi alungă ispita
- Oricine ai fi, nedorită eşti mie!
Mi-s suflet şi trupul doar spre soţie.
Eu numai pe Canens chema-voi, Iubita!

Veninul din Circe-a-nceput să-l doboare
Tot corpul îndată se umple de pene

Din braţe-i cresc aripi şi ciocul alene
Îl schimbă în pasăre. Ciocănitoare,
Bătând în copaci neputinţa-i umilă,
Iar soaţa pe maluri de Tibru îl plânge,
E cântecu-i bocet şi lacrimi cu sânge
Tot varsă şi moare frumoasa copilă.

Rămâne în urma ei doar amintirea,
Din lacrimi amare nascut-a izvorul
Ce-amestecă apa cu picuri din dorul
De cel ce îi da-se în vremuri iubirea.

18 apr 2017

SCYLLA - CIOCÎRLIA

Istoria-i plină de lucruri ascunse,
De fapte proscrise, minciuni de trădare,
Trufii, rătăcire de inşi oarecare,
Lipsite de noimă, nu pot fi pătrunse.
Purtate de barzi nu sunt ode, ci tare,
Luate ca pilde şi-n mituri ascunse,
Dezvăluie firi niciodată mirunse
Eroi dezbrăcaţi de pretinsa onoare.

Cum poate-o himeră să ducă la moarte
O ţară, părinţii, cetatea natală,
Prinţesa ascunsă sub firea-i duală?
E scrisă povestea pe fila de carte:
E oastea, în luptă de Minos condusă,
Al şaselea an n-au decis încă sorţii,
Şi nici nu-s clintite ţâţânile porţii,
Cetatea lui Nisos e tot nesupusă.

Din turnu-i prinţesa priveşte şi gândul
Robeşte pe Scylla cu vis de mărire
Războiul oprit ea l-ar vrea din iubire,
Spre fiul lui Zeus opritu-şi-a jindul.
I-e drag muritorul şi-ar vrea să-şi unească
Destinul cu el şi pe Marte s-alunge
Năstruşnicul gând judecata-i împunge
Şi poarta cetăţii-a decis s-o jertfească.

– Tribut îţi aduc pe părinţi şi penaţii!
Rosteşte copila. Şuviţa din mână-i

Din capul lui Nesus şi-ar vrea să rămână
Zălog pentru Minos să-i mântuie fraţii.
- Mă dărui pe mine ca semn de iertare!
Oştenii din Creta degrabă-i recheamă!
- Nu pot să primesc o trădare infamă!
Dispari, creatură, lipsită de-onoare!

Şi năruie-n ea disperarea adâncă,
Din tot ce-a visat s-a ales sihăstria.
Doar ură şi jale primit-a simbria
Trădării de ţară. Cutreieră încă
La tatăl, cerşindu-şi pedeapsa să vină
Prin temple iertarea zeiască îşi cere,
Primeşte răspuns un ocean de tăcere
Pământul de-acum nu mai e de odină.

A fost preschimbată într-o ciocârlie
Să-şi plângă durerea-n apusul de soare
Cu ultima rază, trist bocetu-i moare.
Aleasă jertfire şi-un cer năsălie.

21 mai 2017

Ceix și Alcyone - lăstunii

Putea-vom decide când soarta își strigă
Nădejdea că poate vor zeii s-o lase
Mereu neatinsă, doar clipe frumoase
Să-nșire pe ață verigă-n verigă?
Și cine va crede că-n drum spre oracol,
Vrând veste să afle de frate, Peleus
Ceix, thessalianul mânie pe Zeus
Destin împlinește. Nedreptul obstacol

A fost rânduit în Olimp pe-ndelete,
Căci ea, Alcyone, ca os din Eolus,
Și soțul ei Ceix, ca fiu lui Phosphorus,
Se strigă ori Hera, ori Zeus. Regrete
Curând vor cunoaște. Spre Phokis pornește
Corabia mortii cu vâsle, o sută.
'N-ainte ca zeul furtuna s-asmută
Vezi metamorfoza cum se pregătește.

Cei doi se iubesc, sunt în viață ca unul.
Când călătorește, ea vrea să-l urmeze,
Aceleași dorințe, aceleași asceze,
Nimic n-ar părea să le strice căminul.
Și totuși mândria de-a vrea să fii altul,
Ori nume de slavă să porți, nepermise,
Hulite-s oriunde și-s fapte proscrise,
În urmă aflate, mânie înaltul.

Alcyone presimte că drumul pe mare
Primejdie poartă și soțu-și imploră

Cu el vrea să plece. El chiar de-o adoră
O strânge în braţe, îi dă alinare
Şi lacrima-i şterge, se-mbarcă, şi vele
Ca spor pe catarge la vâsle-s adaos
Purcede spre Delphi, dar merge spre haos
Căci prins e pe ape de vânturi rebele.

Degeaba cârmaciul, vâslaşi, corăbierii
Vor biata copaie cumva să strunească.
Izbiţi sunt de valuri, urgia zeiască
Îi mână mugind spre tărâmul tăcerii.
Din ceruri potopul şiroaie adună
Parâmele urlă sub vele,-nstrunate,
Abisul răspunde cu creste-nspumate,

Din piepturi un strigăt de groază răsună.
Doar Ceix e mut, cu o mână, catargul
Îl reazemă, gândul spre soaţa-şi porneşte,
Să-l ierte şi-apoi să-l îngroape regeşte
De trupu-i ajunge pe tărmuri, din largul
Sub apa ce-l soarbe şi zeii îi iartă,
În cele din urmă, perfida sfidare.
Lin trupul pluteşte o vreme sub zare
Iar vântul şi valul spre maluri îl poartă.

Acolo-l aşteaptă plângând, Alcyone,
Deja pedepsită amarnic de Zeus,
Prin vestea din vis ce-o aduse Morpheus
Azi chipul i-e strâmb ca al unei Gorgone.
Când leşul zăreşte privind de pe stâncă
Îşi smulge cosiţa, blesteme rosteşte,
Ea simte din trupu-i cum aripa-i creşte
Din cioc iese ţipăt, spre larg se aruncă.

Din nou împreună, uniţi pe vecie

Ca două văpăi peste mare, lăstunii
Povestea își cântă sub razele lunii,-
Ori sub aurora născută-n tărie.
În iarnă închide țâțânile porții
Cinci zile-Alcyone, în cuibu-i clocește.
Pe mare e sigur. El, vântul oprește
Părintele Eol, păzindu-și nepoții.

13 iul 2017

Filomela – privighetoare, Tereus – pupăză, Procnea – rîndunică

O fi doar poveste? Să nu fie, oare,
Un zvon peste timpuri uitate de lume?
Să mergem în Tracia, locul anume
Ce a zămislit-o pe privighetoare.
E cântecu-i bocet ţesut peste seară,
Ori glasul duios care doru-şi aşterne
Un giulgiu sonor crudităţii materne
Pe sufletul prins în a morţii lui ghiară?

E vremea de-acum să întoarcem clepsidre
Atena-i salvată de tracul Tereus
La nunta eroului nici Hymenaeus,
Junona ori Graţii. Eumenide
Sunt singurii naşi, iar făcliile-aprinse
Furate au fost de la o-nmormântare
Cu Procnis soţie, în ziua cea mare
O bufniţă-i martor cu privirile stinse.

Par toate anapoda sub auspicii
Ascunse mulţimii se naşte copilul
Lor, Itys, onoarea-şi începe exilul
După doar cinci toamne ferite de vicii.
Ea, Procnis, pe soţul iubit îl imploră
Să meargă la casa în care crescuse
De nu, îl îndeamnă cu vorbe supuse
S-aducă degrabă iubita ei soră.

Corabie-n vânturi în Pireu debarcă,
La socrul Pandion cu daruri şi veste,
Pe ea, Filomela, iubitei neveste
S-o ducă să-i fie tovarăş încearcă.
Cu inima strânsă Pandion conjură
Pe ginere să îi păzească odorul
– Copila-mi departe îmi zgândăre dorul!
Adu-o-napoi! El îl pune să jure.

Nu vede, nu ştie că-n suflet, Tereus
Nedemnă iubire a strâns pentru fată,
Ascunde ce simte, fecioara cumnată
Porneşte pe calea junincii lui Zeus.
Îndată ce-ajunge aproape de casă
Barbarul stârnit doar de harpii şi iele
Spre vânt: – Port cu mine dorinţele mele!
Îşi strigă cât pofta nebună-l apasă.

O biată colibă-i iatacul jertfelnic
În care Tereus fetia îi pradă
Departe de ochi ce-ar putea să îl vadă,
Viol săvârşeşte cumnatul nemernic.
Ea zeii imploră-n sinistra odaie
Ameninţă fapta s-o strige oriunde,
Netrebnicul crede că astfel ascunde
Oribila-i crimă şi limba îi taie.

Apoi Filomela-i închisă aproape,
Iar soaţei lui, Procnis, minciuni îi rosteşte
Învocă sirene, primejdii-şi creşte
Că sora iubită-i sfârşită sub ape.
Jelanie, plânset şi haine cernite ...
Trei luni sub durerea ce o înfăşoară.
Un sol îi aduce, ascunse-n subsoară,
Cuvinte pe-o pânză murdară tivite.

E tot adevărul spus de prizonieră
Ea, muta, ce-n timp își țesuse amarul
În simple cuvinte își spune calvarul
Surorii să vie s-o scape mai speră.
E vreme-nchinării lui Bachus mistere,
Și noaptea vuiește-n Rhodope de-alame
Surori reunite-au decis să proclame
Sentința supremă în vremuri mizere.

Pe soț și cumnat vor să îl pedepsească
Și groaznica-i soartă pe loc se decide.
Pe Itys, copilul, chiar mama-l ucide
Bucăți din chiar pruncu-i ajung să-l hrănească.
Îndelung ghiftuit după vin și plăceri
Tiranul le cere copilul să vie
Dar mama îi strigă-ndelunga mânie:
- Acum ai în tine chiar ceea ce îmi ceri!

Crezând că-i aruncă banale oprelişti
El cheamă din nou, Filomela din umbră
Apare cu capul copilului, sumbră
Fantomă vădind prea nedemne priveliști.
Un dublu păcat, două chipuri livide
Fecioară și prunc nebuniei jerfite
Destine prea iute și lesne-asfințite
Filomela și Procnis din neam Cercopide.

Când valul de ură vor zeii să-l spargă.
Îi schimbă în trupuri menite să zboare
Filomela va fi o privighetoare
Priveghiul să-și depene-n zarea cea largă
Tereus e pupăză, cuc, austerul
Acestei legende de spaime și frică.
Procnea devine de-acum rândunică
Iar eu, menestrelul, le sunt mesagerul.

17-19 iul 2017

CYCNUS

Nu poate războiul să nască frumosul
Chiar dacă vitejii în timp sunt eroii
Atâtor jertfiri. Între ceruri, strigoii
Zac neprivegheați. De ce oare ponosul
Îl chemă aezii „eroare-ndrăzneață"?
Să mori pentru glie e faptă vitează
Dar când lăcomia în suflet se-așază
Nu e o victorie faptă măreață!

Știți bine, la Troia decisu-s-au sorții
Pe rând alternând bucuria deșartă
Cu temeri și groază, menite să-mpartă
Izbânzi în această decadă a morții.
Întâi a fost zvonul, în urma lui zarea
O-ntunecă grecii cu mii de corăbii
Cu arcuri, cu suliți, noiane de săbii
S-au strâns să însângere țărmul și marea.

Își poartă războinici destinul pe maluri,
Troienii răspund săgetând din cetate
Pe cei fără scut, mii de vieți blestemate
Își află sfârșit sub lințolii de valuri.
În caru-i de luptă dă glas Aeacidul:
- Oricine ai fi, moartea-ți e mângâiere!
Lovit e de suliță, Cycnus, durere
Nu simte. - Achille, e pieptul meu zidul

Ce nu-l poți străpunge, Neptun mi-este tată!
Și coif, și armură, și scutul sunt toate

Doar simple podoabe, nimic nu le poate
Învinge. Şi Cycnus le zvârle îndată
În pieptul său gol o săgeată se-nfige
Pe care o smulge, nici rană, nici sânge
Nu lasă în urmă, tăierea se strânge.
Achille cu sabia vrea să-l oblige

Să muşte ţărâna. Se-avântă din carul
Oprit la doi paşi şi minunea se-ntâmplă
Deşi l-a lovit cu putere în tâmplă
Nu poate să-l facă să treacă hotarul
Spre Hades. Neptun când odrasla-şi zăreşte
Aprope sfârşit de nepotul lui Zeus
Şi fiu al lui Thetis şi al lui Peleus
O vrajă aruncă. Achille priveşte

Cum Cycnus se schimbă scăpat din strânsoare
În lebădă albă, cu penele ninse,
Cu gâtul lungit şi cu aripi întinse,
Se-nalţă în zbor maiestuos către soare.
...
Războiul nu poate să nască frumosul!
Credulii se strâng în cohorte în iaduri
Când pildele barzilor nu-şi află vaduri,
Nu! Nici o legendă nu-şi află folosul!

29 aug 2017

Aesacus

Atâtea legende ţesute pe maluri,
Destine curmate, abise, mistere...
Pustia de ape-i ocean de tăcere,
Furtuni? Recviem scris de vânturi şi valuri.
Pe boltă, azurul, veşmânt îşi ia norii,
Adâncul cu scoici şi sidef decorează
Pe ţărmuri nisipul, în aer veghează
Să-şi mântuie foamea, prea cruzi prădătorii.

E greu de crezut că penajul ascunde
Poveşti de când lumea schimbate în mituri.
Poeţii nu mint, peste veac, din nimicuri
Legendele lor dăinuiesc peste unde.
Aesacus e fiul lui Priam din Troia
Şi frate lui Hector, dar lupta nu-i place.
Natura, serbările dionisiace
Îl fac să trăiască. Iubeşte iar voia

Hesperia-i fură privirea, nălucă-i
Cu trup de zeiţă întinsă pe iarbă?
Cu nurii-l robeşte şi-l face să fiarbă
Când părul pe malul lui Cebren usucă.
Dorinţa-l învinge, se-apropie-n taină
Un vultur din slavă ce prada-şi zăreşte,
Ori lacomul lup care ciuta goneşte,
O sperie, fuge lipsită de haină,

El sprinten aleargă mânat de poftire,
Pe ea doar o spaimă năucă o mână.

Din spate ecoul chemării o-ngână
Stârnit de Aesacus dorindu-se mire.
Ea cată să scape şi teama, otravă-i.
Pătrunsă în trupul dorit. Creşte chinul,
Din câmp, dintre spini o pătrunde veninul
Din colţii de şarpe ascuns în otavă.

Şi cade răpusă, Aesacus ajunge
În braţe o strânge, s-a frânt bucuria,
Nici nu mai e trup, e doar leş Hesperia
El nemângâiat dusa dragoste-şi plânge.
- Vai! Moartea-ţi cu moartea-mi va fi mângâierea
Nu şarpele, eu ţi-am fost ţie călăul,
Doar marea mai poate să vindece răul
Din steiuri, în valuri, îşi stinge durerea.

Dar Thetis veghează, pe trupul lui pene
Răsar în cădere şi aripă-i creşte
Sfârşit vrea să-şi afle dar moartea-l fereşte.
Zvârlirile-n val, ne-mplinite refrene.
Mereu, spre adânc, trupul lui e săgeată
Un biet vinovat ce-şi îneacă amarul
Pierdutei iubiri, de atunci, cufundarul
Legatu-şi-a soarta de apa sărată.

19 oct 2017

SEVE DIN SÂNGE

Prolog

Atâtea poveşti zămislite în vreme,
Fiinţe fricoase, netrebnice fapte,
Isprăvi de balauri cu capete, şapte
Sau hydre, ori zeii, voinţe supreme,
Stârniţi de nimicuri ori pofte deşarte
Preschimbă destine sau zgândăre semeni
Azvârlu cu fulgere, scapară cremeni
Pe oameni, nedrept să-i împingă spre moarte.

Vom cerne pe strune legende păstrate
De barzi ce colindă din poartă în poartă,
Mai aspru, mai blând povestind despre soartă
Sau cel mai ades despre o nedreptate
Făcută fecioarei sau mamei ce plânge
Pe fiul iubit sau om simplu ce-şi pierde
Şi chipul, şi suflet trecându-se-n verde
Lăstar, mur ori floare cu seve din sânge.

15 apr 2017

Dafne - lauri

Nu-i viaţa mai altfel aici sau aiurea,
La fel de zglobii sunt oriunde pâraie,
Tot negri sau albi fi-vor norii de ploaie
Ori plină de taine şi-oprelişti, pădurea.
Demult, în Elida, prea spumosul Peneu,
Cădere de apă născută din munte,
Îşi afla cărare prin praguri cărunte
Şi vad printre stânci îşi croieşte cu greu.

Cu picurii vii, mii de jnepeni stropeşte
Şi tot ce e viu din oglinda-i se-adapă.
Dar, vai! Vânătoarea-i aproape să-nceapă,
La sfat, zeu Apollo cu Eros se-opreşte.
- Ce toane ai astăzi? Vreun urs, poate cerbii
Să-i culci cu săgeata? Ori cauţi naiada
Acestui pârâu? - Nu! Nici Vorbă! Azi prada
Dorită-i fecioara lui, Dafne, ce firele ierbii

Le unduie-n mers zămislind puritate,
Prin fapta şi gând imitând pe Diana.
Ajută-mă, Eros, să-i mântui prihana!
Copilul zburdalnic poiana străbate
Ţinteşte spre zeu, aurită săgeată,
Dorinţa în pieptu-i amarnic sporeşte.
Pe Dafne cu plumb în săgeată ocheşte,
Ea fuge în codrul adânc, speriată.

Zadarnic, Apollo, cu lira-i, măiastru
Imploră fecioara să steie, să-i cânte.

Ea roagă pământul s-o-ngroape în munte,
Ori zarea s-o-nghită în largul albastru.
Dar n-are niciunde, în juru-i, scăpare!
Pieirea pe trupul frumos se pogoară
A prins rădăcini, braţe-ram o-nconjoară,
Lumina din ochi în frunzare dispare.

Îşi plânge Apollo nebuna ocară
El, LAUR, fecioara pierdută numeşte.
Cu frunza lui lira-şi împodobeşte
Ea freamătă-n vânt şi iubire presară.

30 mar 2017

Driope - lotus

Pământul înseamnă şi viaţă, şi moarte,
Eroare şi merit din rău sau din bine,
Amestec de oameni, natură, jivine
Şi timpul e arca spre mâine să-i poarte.
Uscatul şi marea sunt pline de daruri
Hrănindu-i pe toţi, fie leneşi ori harnici
Au ţinuturi de vis unde zeii sunt darnici,
Iar unii aleşi răsplătiţi sunt cu haruri.

În vremi de demult, lotofagii, în ţară
Primeau între ei şi eroi, şi tâlhari,
Şi pe oechalida iubită de lari,
Driope, făcută de-Apollo de-ocară.
Păcatul cu zeul i-a dat pe Amphissus
Copilul gingaş fiu de nimfă frumoasă,
Andraemon, nou tată, în noua lor casă
Primeşte urmaşii dragi lui Euritus.

Iubindu-şi copilul, Driope aleargă
Spre lacul cu nimfe, pe braţe, ghirlande
Cu flori parfumate ea duce, ofrande
Menite, în vreme, păcatul să-i şteargă.
Ajunge degrabă, un lotus de apă
O-mbie şi iute ea rupe o floare,
Sugarului ei să îi dea alinare
'Nainte ca ruga spre nimfe să-nceapă.

Nu vede că purpura -zis tiriană-
Din vrejul rănit se preschimbă în sânge

E seva din Lotis, o nimfă ce-şi plânge
Durerea acum devenită dojană.
Driope-nţelege şi-a prins a se teme,
A dat să se mişte, a prins rădăcini,
Din braţe, apoi, se-nfiripă tulpini,
Cuprinse de scoarţa răspuns la blesteme.

Andraemon şi Iola-i răspund la chemare
Şi pruncul salvează din braţe-nfrunzite
În urmă cuvintele slab auzite
Se sting într-un foşnet vestind alinare:
Adio, copile! Alint fi-va-ţi timpul!
Chiar dacă de azi ai să creşti fără mamă,
Păstrează iubirea! Din piept, fără teamă
Alungă uitarea şi smulge doar ghimpul.

20 mai 2017

NARCIS

Există în vreme cuvinte deşarte ...
Profetul Tiresias chiar spus-a multe
Crezute sau nu de cei puşi să-l asculte
Vădeau cum destinul urma să îi poarte
Pe căi neumblate şi scris cu aldine,
La fel Liriope când naşte pe pruncul
Ei Narcis, încearcă să îi afle tâlcul
Enigmei: „De nu, se va vedea pe sine!"

Dorit e de nimfe, băieţi şi de fete,
Kephisos e tatăl, zeu-râu ce dorise
Adâncul de ape cu-adâncul de vise
Al nimfei cu nume de nufăr să-mbete.
Lui Echo i-e drag, nimfa îngânătoare,
Ea-n codrul adânc se-mpleteşte-n desişuri
Îi soarbe cuvântul, apoi, pe frunzişuri,
Presară doar şoapte din crunta ardoare.

Sfârşit de căldură se-opreşte o clipă-n
Poiana ferită de raze de soare,
Aude un susur şi simte răcoare
Păşind spre oglinda de apă tivită.
Un fir de ambrozie creşte din iarbă,
Un freamăt de vânt peste linişti adie,
Ard buzele, apa, cleştar îl îmbie,
Genunchiul să-şi plece, apoi să o soarbă.

Se-apleacă, priveşte, nu-i vine să creadă
De jos, spre zenituri, un chip îl priveşte

Pe dată de umbra-i se-ndrăgostește,
Își trece nesațu-n imaginea nadă.
El apa sărută, oglinda se frânge,
Dorind o fantomă ce-n veci îl urmează,
Privindu-se-n undele-i, halucinează,
Iluzia piere când apa atinge.

De jale, un bocet în el se-nfiripă,
În inima frântă se-amestecă chinul:
De mor, peste lac se așază seninul,
Oh, zei! Vă conjur, osândiți-mă-n pripă,
Stigmatul să-mi port, dragostea mea ucisă!
Efeb otrăvit de iubirea de sine,
Un lujer, miez galben, petale veline,
Osândă-i iertarea prin chip de narcisă.

21 iun 2017

Syrinx - trestia

Cuvântul crează, ori doar ne descrie
Atâtea-nceputuri şi faceri ştiute,
Când mâna şi mintea scot neabătute,
Unelte ori lucruri ce par o prostie
În prima lor clipă? În urmă se-aşază
În ordinea lor şi rămân pe vecie
Alături de noi, ne devin avuţie,
Răspuns la nevoi pentru cel ce lucrează.

Există şi lucruri născute de viaţă
Ea, însăşi, natura sculptează cuvântul.
Întâia baladă-a fost scrisă de vântul
Ce mândre frunzare în codru răsfaţă.
Sau susurul ploii, foşnirea de valuri,
Vuiri de cascadă, căderea de frunză,
Un tunet sălbatic menit să pătrunză
Compun neştiute de noi madrigaluri.

Povestea e azi despre Syrinx, naiadă-n
Arcadia, în muntele vechi Nonacris
Râzând de satiri, nu ştia că-i e scris
Vestită să fie din biet hamadryadă.
În port şi în fapt imita pe Diana
Fiica Latonei cu arcul de aur,
Al ei e din fildeş făcut de un faur
Ce-a vrut s-o asemene cu olimpiana.

Pe câmpuri bogate o poartă hapsânul
Destin, cu suratele la vânătoare,

Hulubi ori chiar vulturi dorind să doboare
Pe pajiştea unde zeu Pan e stăpânul.
Aprins, a dorit pe frumoasa copilă
Pe Hermes ca sol către ea îl trimite
Cu daruri şi-apoi vorbele potrivite
Să vie de voie. Ea râde în silă

Şi simte că-n toate stă nemernicia
Nemărturisită de zeul cu pinii.
Ea crede că vorbele lui sunt doar spinii
Meniţi să-i jertfească pe veci fecioria.
Porneşte în fugă, oriunde se-ascunde
Când zeul nebun de dorinţa lui scurmă
Pământul, cercând să îi deie de urmă,
În prundul Ladonului, Syrinx pătrunde.

Oprită din goană de pragul de ape,
Cu faţa zgâriată şi hainele rupte,
De lacomul zeu ce ar vrea să se-nfrupte
Din trupul ei cast, negreşit să o scape
Poporul de nimfe, nouă-nfăţişare
Să-i deie. Ascunsă prin trestii, tace.
Ajunge şi zeul, cuprinde vorace
Mănunchiul dorit. Îndesita suflare-n

Tulpinile frânte-a stârnit tânguire.
Vrăjit este zeul de note suave,
A pus laolaltă cinci tuburi firave,
Prea trist început pentru nai devenire.
E cântecu-i mir pe simţire aleasă,
Iar viaţa copilei vânate se frânge-
'Mpletită în vânt, cruda soartă îşi plânge
În nai preschimbată, naiada mireasă.

6 iul 2017

Philemon și Baucis - stejarul și teiul

„Puterea cerului e mare și dacă zeii au voit ceva, s-a și înfăptuit"
(Lelex, regele Laconiei)

Un rai e pământul, oricine colindă
Pe șesuri și dealuri, prin munți, lungă cale,
Frumosul e-n toate, lumini siderale
Așteaptă apusul, sfânt cerul s-aprindă.
E noapte în toate, e pace afară!
Selena trudită, colina privește
Un tei și stejarul ce-argintu-i primește,
Lin vântul adie, legendă presară.

Din cer se pogoară-ndelung nălucire,
Un zeu și cu el, caduceu Atlantide
Bat noaptea la porți, nimeni nu le deschide
E Jupiter Stator cerând găzduire.
În vale, spre lac, vede ușa colibei,
Cârpită cu lut și drept streașină, stuful,
El, Maximus, intră,-și alină năduful,
Respect i se-arată de gazdele hrubei.

Baucis le-așterne un țol să adaste
Ligheanul cu apă picioare să-și spele,
Philermon aduce un braț de nuiele,
Pe oaspeții lor, ei, nu par a cunoaște.
Iar când se pun blide, se clatină masa,
Un picior e mai scurt, se înclină prea tare
Un ciob pus sub el și apoi de mâncare
Le dau celor doi, onorând astfel casa.

Pe masă e caş, ouă coapte în spuză,
Pahare de fag trase-n ceară gălbuie
Aroma de struguri în vin să rămâie
Cei doi umbre par în lumina difuză.
Tăcuţi, mai aduc pentru oaspeţi bucate,
Curmale şi prune cu nuci şi smochine
Şi-un fagure alb miruit de albine,
Pe talger de lemn sunt pe rând aşezate.

Beau zeii dar cupa lor nu se goleşte,
Se miră bătrânii de vraja zărită
E pace-n coliba pe maluri chircită
Deplin mulţumit Jupiter le grăieşte:
- Ne-aţi dat tot ce-aveţi pe când nesăbuiţii
S-au ascuns după uşi ignorând ospeţia
Porniţi înspre deal! Voi stârni nebunia,
Vor pierde ce-ascuns-au de mine, avuţii.

Furtuna porneşte şi lacul înghite,
Tot satul îneacă, sub ape-s damnaţii
În templu, pe deal, puşi de strajă-s salvaţii
Şi viaţă şi moarte în doi le promite.
Apusul e-aproape, afla-veţi temeiul
Legendei cu pomii-mpletindu-şi frunzare
Oricând şi oricum, găzduirea-i onoare...
Philemon e stejarul, Baucis e teiul.

26 iun 2017

Myrrha - arborele de smirnă

Din ce se poate naşte o dragoste mârşavă?
Ori ce întortochere de minţi de ursitoare
Ar fi să se stârnească, apoi să se pogoare
În sufletul copilei, să-l umple cu otravă?
Mereu rămână cântul de-acum doar o poveste!
Învederată-n urmă cu secole-n Panchaia,
Nu Cupidon lovit-a, ci însăşi lighioaia
Cucutei sad în trupu-i şi patima îi creşte.

Tărâm în mirodenii, în toate e bogată
Cu roduri prinse-n glie şi cu femei frumoase.
Prosperitatea-n case, prin lari şi noi foloase,
În veci sunt năruite sub soarta blestemată.
Vin peţitori, elinii s-o ceară pe făloasă,
Pe Myrrha, mândra fată a lui Cinyras, rege.
Zadarnică-ncercare! Vai, ce fărădelege!
De-o prea cumplită vină e zi şi noapte roasă.

- Ce gânduri mă apasă? De ce sunt oropsită?
Chiar zeii din Olimpul nedemn sunt vinovaţii!
La ei de ce-s permise împreunări cu fraţii?
Ea, Thethys cu Oceanus a fost căsătorită!
De ce să fie soarta la muritori schimbată?
E ţapul soţul turmei, juninca se supune
Şi taurului-tată, iar pasărea depune
În cuiburi, oul rodnic, la fel însămânţată.

De ce e hărăzită rudenia, povară?
Să fiu rivala mamei, ori soră pentru fiul

Ce-l nasc incestuoasă? Mi-e dragostea pustiul
Şi fapta-mi de afla-vor, mi-ar fi, mereu, ocară.
De ne-ndurat dorinţe, mereu îngândurată,
I se încinge trupul de pofte triviale,
Atâta-ncrâncenare făr' de-a găsi o cale...
O află doica-n noapte de grindă spânzurată.

Degrabă o coboară, cu ierburi fermecate
O întremează, vede pe faţa-i silnicia,
Dezleagă împreună din toate, grozăvia
Şi rânduiesc în urmă cărări a fi umblate.
Au complotat degrabă, serbarea pentru Ceres,
Zeiţa rodniciei, printre cununi de spice,
Femeia măritată, silită-i să abdice
De-a se-ntrupa cu soţul, fapt întronat de eres.

Împovărat de vinuri şi răscolit de pofte
Cinyras dă poruncă femeie să-i aducă
Netrebnica ei doică, pe Myrrha o apucă
De braţ, în văl o-mbracă, în păr îi ţese bofte,
Apoi, necunoscută, purtând de flori cunună
Ajunge în iatacul în care fecioria
Pierdută-i, e femeie şi-n toată nebunia,
Primeşte-n ea sămânţa, cu tatăl se-mpreună.

Această crimă hâdă se-ntinde nouă zile,
Din aburii beţiei, Cinyras se trezeşte,
Ibovnica-fecioră în patul lui zăreşte,
Incestuosul mire, al dragii lui copile.
Răpusă de-aşa faptă, ea singură se-alungă
Din casa părintească,-n Arabia soseşte
Cerşind la zei pedeapsă, pe trupu-i scoarţă creşte
De spini se umple trunchiul, ruşinea să-i străpungă.

Curg lacrimi, curge smirnă, o ultimă icnire

Copacul poartă-n sine un prunc, Lucinda nu e
Acolo să-l moşească şi numele să-i puie
Naiade-l trag afară şi lumii dau de ştire:
Adonis e copilul! Cu smirnă-l ung, îl poartă
În peşteră, departe. Vom mai vorbi de el
Schimbat va fi la vremea-i în flori de dediţel...
Myrrhei oprim povestea despre prea cruda-i soartă.

08 aug 2017

ADONIS - DEDIȚEL

Iertată-i strâmbătatea trecută în uitare?
Minciuni, incestul, crima, de nu-s învederate
Pot fi trecute-n umbră ca neadevărate?
Legenda noastră poartă o astfel de-ntrebare.
Vă amintiți, pesemne, despre Cinyras, Myrrha,
Nesăbuința fetei, beția și incestul
Rușinea, alungarea și la final, funestul
Sfârșit al mamei, pruncul... Mai bine cânte lira!

Adonis e copilul născut ca frate mamei
Și peste toate astea, ca fiu pentru bunicul,
Eternitatea-i aspră, nu ia aminte picul,
Ce a urmat afla-vom din scrierea calamei.
El, rodul neiubirii și al înșelăciunii
Crescut printre naiade, va fi la tinerețe
Îndrăgostit de Venus, distins prin frumusețe,
Robind-o pe zeiță sub argintiul lunii.

Ea, îl adoră, uită de orice-ndatorire,
De Phapos și de Cnidos, ba chiar și de Cythera
Arar întinde arcul, e goală beliera,
Olimpul îi repugnă de-atâta fericire,
Cuvintele-și pierd șirul. Pe pieptul lui, culcată,
Amestecă-ntre vorbe, săruturi, în poiană
- Nu-i oropsi pe cei slabi! adaugă dojană,
Iar printre bestii-n codru, să fii cu judecată!

Dar ia aminte, urșii, ori leii, sau mistreții
Primejdie-s de moarte, în colții lor purtată,

Adesea vânătorul greşeşte o săgeată
Şi bestia rănită, îi pune capăt vieţii.
L-a sărutat şi zboară cu lebede-nhămate
La car, spre Amathunta cea plină de metale,
Dar strigăte în urmă au întrunat-o-n cale,
- Iubitul meu, Adonis! Cuvinte blestemate,

De ce a fost să-mi fie deja adeverită
Povestea despre fiare? Ce l-a-ndemnat să fie
Nesăbuit s-alerge spre-asemenea urgie?
Mistreţul îl sfârşeşte, ori cruda lui ursită?
- Răspunde-mi Persephona, cuminte, fără pizmă,
Pierdută pe vecie, lumeasca mea iubire
Voi mânia Olimpul, făcând pe-Adonis mire
În flori de anemone, cum tu, mireasa-n izmă

Ai preschimbat în vremuri? Răspunsul nu se-arată
Iar Venus cheamă vântul, şi martori, vânătorii
Pe verdele poienii, răsare trupul florii
Frumoasă ca bastardul, de sângele-i pătată.
Se mântuie povestea, se trec şi dediţeii,
La fel cum trece vântul lipsindu-i de petale.
Ni-s hărăzite oare sfârşituri infernale?
Ori unele destine ni le preschimbă zeii?

18 aug 2017

...

În latină, dediţel se spune anemone şi e pus de Ovidiu în legătură cu cuvântul grecesc anemos, care înseamnă vânt.

Hyacinthus

Inquam:
Prea des olimpienii în chip voit greşesc!
De ce doar muritorii tributul greu platesc?

Neîmpăcat Oebalus, mult mai săracă Sparta
Cu fiecare suflet pierdut şi ce restrişte
Când prea frumos copilul, o ultima zălişte
Aruncă spre tărie. O! Cât de crudă-i soarta!
Întrecere, iubire, prieteni, întâmplare ...
Despre acestea toate, vom duce-n lume vestea.
Să se-nstruneze lira şi s-ascultăm povestea
Ştiută din vechime şi tragica urmare.

În crucea zilei, veseli, pe trupuri pun unsoare
La fel să strălucească pe câmpul plin de verde
Mândrie cu puterea se împletesc şi fierbe
Dorinţa în Hyacinthus şi prea iubitul soare.
Apollo vrea el primul. Ia discul, cumpăneşte,
Încrezător în sine l-a azvârlit în slavă
Nu vede că Zephyrus, în sufletu-i, otravă
Adună şi pe faţă, în grabă zugrăveşte

Nedreaptă gelozie. În timp ce discul zboară,
Prea fericit e Phoebus! Iubitului său zice
S-alerge mai degrabă şi discul să ridice
Departe zece stadii şi după ce coboară,
Să-l zvârle, să-l întreacă! Hyacinthus asudă
Voios, fără să ştie că paşii lui îl poartă,
Gândită de Zephyrus, înspre nedreaptă soartă,

Lovit de disc se frânge şi cade-n iarba udă,

Jur împrejur pătată cu sânge. De durere
Apollo lăcrimează, ar vrea să oblojească
Spăşit adânca rană, puterea lui zeiască
Neputincioasă este şi murmură-n tăcere:
– Te duci, Oebalide! Eu te-am trimis la moarte!
Când zămislit-am crima? Când se pornise jocul?
Ori când, iubiţi de taină, am zgândărit norocul
Şi în Olimp decis-au spre Tartar să te poarte?

Destinul nu-mi dă voie să te urmez acolo!
Dar numele-ţi, Hyacinthus, în cântecele mele
Îl voi rosti iar lira, de patimile grele-mi
Va aminti-n vecie, aşa rosti Apollo!
– Şi fi-va de acuma, din iarbă, stropi de rouă
Să spele tot păcatul, iar sângele să scrie
Cu purpură tristeţea mea pentru veşnicie,
Durerea grea „Ai, alas!" pe trup de floare nouă.

18 sep 2017

Cyparissus

Cuib e pentru Phoenix, acolo îşi creşte
Şi puii, şi caierul vieţilor duse.
Calama re-nvie legende apuse,
Cu naşterea celui ce o găzduieşte.
Pământul acela sărac şi de umbră
Doar spaime şi moarte amară respiră.
Deodată tresare sub sunet de liră
Salvată de-Apollo e soarta lui sumbră.

Ispită i-i cântul şi norii cern picuri
Zorzoane pe iarbă, lăstarii-şi ridică
Plăpândele ramuri, deşartul abdică
Strivit de belşugul atâtor nimicuri.
Pe stearpa câmpie se-nalţă pădure
Cu gârniţe împovărate de ghindă,
Platani şi arţari vor frunzişul să-şi prindă
Umbrar peste tufe înalte de mure.

Pe malul pârâului sălcii-nfiripă
În şopotul apei plăpândă foşnire,
Jugaştrii aruncă spre soare privire
Noi viţe de vie pe ulmi se ridică.
Belşug de lumină împrăştie ceaţa,
Frunzarul noi cuiburi de păsări adună.
Mugeşte blând cerbul şi codrul îngână
Cu noi umbre, raze, vestind dimineaţa.

E pace-n poiană, doar florile-admiră
Măreţele coarne pe fruntea zeiască

A cerbului magic și-l lasă să pască
Un nor de arome-n văzduh se prefiră.
Un fulger de-o clipă, din arc, o săgeată
Se-nfige-n grumazul plecat către ele
Pădurea se umple de plânset și jele
Al lui Cyparissus și trista lui ceată.

El vede acum crima înfăptuită,
Și mutul reproș din opaca privire,
Prieten răpus de nebună zvârlire-a
Săgeții în vânt și apoi rătăcită.
Îl mângâie Phoebus cercând să-i aline
Tristețea și vorba când cere să moară.
Tăcerea, târziu, în poiană pogoară
Odat' cu răceala pătrunsă în vine.

Preschimbă-se-n ram brațul, părul în verde
O coamă rebelă din sute de ace
Iar trunchiul în trunchi de copac se preface
Și ultimul oft în pădure se pierde.
Prin voia lor zeii au vrut chiparosul
Să-și stingă păcatul veghindu-i pe morții
De drept stinși la vreme ori victime sorții
Și cuib pentru Phoenix să-i fie folosul.

06 nov 2017

NECUVÂNTĂTOARELE

Prolog

Cumplită pedeapsă să îţi uiţi menirea!
Puteri asuprind pe nevolnicii oameni,
Purtare de vrajbă şi toane de fameni
Vădind nu respect ci mai mult anostirea.
Sunt zeii departe de prima poruncă
A celui dintâi şi AtotCreatorul
Uitat-au că EL e din veci autorul
Făpturii cu chipu-i asemeni prin muncă.

Nu robi de plăceri, ci făpturi cu onoare,
Nici jalnici supuşi de nedemne dorinţe,
Din om, avatar cu-ndelungi suferinţe
Păcate plătind ca necuvântătoare.
Au fost rânduiţi să trăiască în pace,
Femei şi bărbaţi cu orice vietate,
S-arate oricând şi oricui pietate
Necum preschimbat în fiinţă ce tace.

26 apr 2017

Acteon - cerbul

Ne-aducem cu toţii aminte Olimpul,
Un munte semeţ ce atinge chiar cerul.
Pe veci Jupiter îi rămâne năierul,
Călău de Titani ce ar vrea însuşi timpul
Să-l ţeasă în voie. El schimbă destine,
Înşeală, ucide iar fraţii-i sunt laşii
Ce poftele-şi fac pe pământuri când paşii
Îi poartă-ntre oameni cu gânduri haine.

Degeaba se-ncumetă, bieţi trăitorii,
Să-şi depene traiul firesc spre mai bine.
Nu-s siguri că fiece zile-s senine,
Ori simple paiaţe-s şi zeii actorii.
Vorbit-am de vechea cetate zidită
De cei renăscuţi, ridicaţi de sub glie.
Pământul şi-l apără cu străşnicie,
E noua lor casă, e Teba slăvită.

Povestea lui Cadmus nu-i toată. Nepotul,
Un tânăr frumos, Acteon o să scrie
O pagină tristă. Ne stă mărturie
Istoria nouă. Plăteşte afrontul
Adus chiar Dianei, zeiţa cea pură,
Ea goală se scaldă, de nimfe păzită.
Se-ntoarce spre mal când se simte privită
De-acest vânător, prea umilă făptură.

Fac nimfele zid s-o ferească. Târzie
'Ncercare. Vederea ei naşte uimire,

Zeiţa-mpleteşte din stropi biciuire,
Pedeapsa lui, coarne de cerb. Erezie
Plătită prea scump. Nu e vreme să plângă!
Acteon schimbat în jivină speriată
Aleargă, ogarii spre codru-l îndreaptă,
Amarnică soartă la fapta-i nătângă.

Morala o ştiţi: a sfârşit privitorul
Sub mâini de prieteni duşi la vânătoare.
Plătită-i cu sânge zeiasca onoare
Şi încă odat' e jertfit muritorul.

31 mar 2017

Arachne - păianjenul

Cum e să-ţi fie vrerea mult mai presus de toate?
Să poţi clădi tu singur ceva ce peste vreme
Se va vădi perfectul, să nu ai a te teme
De ce va zice lumea. Ascultă şi socoate!

Cu mii de ani în urmă, Maeonia ori Lidia
Vestită era-n lume prin aurul, argintul
Extrase din Pactolus, dar mai ales iacintul,
Alt nume al fecioarei Arachne. Invidia
Pe care ea, Minerva, stăpâna-nţelepciunii
Renaşte când fecioara, măiastră ţesătoare,
Vesteşte dârz, prin nimfe: - Eu nu-s o oarecare!
Mă-ntrec şi cu zeiţa şi astfel, cap minciunii

Pun că-i mai pricepută. Nu-s mai presus de oameni
Ei, zeii din Olimpul, celesta închisoare!
- Vai nouă! Şi vai, ţie! Te du să-ţi ceri iertare!
- Iertarea-i tot minciună când vine de la fameni.
Au început să ţeasă. Suveicile... fuioare...
Războaiele... urzeala sub mâna lor tot creşte ...
Pe ea, din fiecare, legenda se iveşte
Poveşti fără cuvinte, doar pete de culoare.

Minerva zugrăveşte-a Atenei măreţie,
Oraşul ei de fală şi coiful ei pe chipul
Sfidând umilii oameni, ţesuţi peste nisipul
Altar al decăderii, vădind nimicnicie.
Iar într-un colţ se vede, născut de chiar Junona
Cocorul, biată mamă în pasăre schimbată

Şi la un cot distanţă, o altă dramă, iată
Vedem privighetoarea, e însăşi Antigona.

Pe pânza lui Arachne prind viaţă, zugrăvite,
Răpirea Europei şi fuga peste mare,
Dar şi mârşave fapte de zei fără onoare
Neiubitori de oameni, mânaţi doar de ispite.
Turbată e Minerva de măiestria bietei
Fiinţe muritoare şi-o pedepseşte-amarnic.
Blestemul ei? - Păianjen! Să-şi ţeasă pânza harnic,
De-acum până-n vecie! A spus învinsa fetei.

25 mar 2017

Atalanta și Hippomene - leii

Iubirea naște ură? De ce-i sortit să piară
Acel ce-n suflet poartă îndestulate miruri?
E soarta aspru Charon, un cerșetor de biruri,
Ce alt mai poate, oare, să te preschimbe-n fiară?
- Ședeți! Mai puneți vreascuri! Lin fumul se înșiră,
... Se deapănă legenda cu doi iubiți damnați.
Au prihănit Olimpul și-n lei sunt preschimbați...
Aedul-și cerne cântul în lin acord de liră.

Pe unii, soarta-i leagă prin năluciri de vise,
Iar altora, perechea, li-i dată de-ntâmplare
Finaluri fericite, sau alteori, amare
Cântate-s în poeme cu pana sorții scrise.
Legenda asta, însă, o spune Cythereia,
Zeița frumuseții, pentru Adonis, pildă
Să nu provoace soarta. Ferită de obidă
Îi deapănă alene povestea despre-aceia

Ce și-au legat destinul prin aspră înfruntare.
Frumoasa Atalanta, fiica lui Schoeneus,
Pe veci e condamnată. Oracolul lui Zeus
I-a proorocit iubirea ca aspră încercare:
- Fugi de căsătorie! Iar când n-o vei mai face,
Nu vei mai fi tu însuți! Ai grijă ce te-așteaptă!
Și cumpănește bine! Alege calea dreaptă!
Iar poarta vieții-n urmă, alene se desface.

Stupidă profeție! Alesul, doar prin fugă
Va fi cândva să-l afle, în goana-i de copilă.

De nu o va întrece, deloc nu fi-va-i milă
El, viaţa îşi va pierde! nefericită-ndrugă.
Vrăjiţi de frumuseţe, se-ndeamnă peţitorii
Şi rând pe rând cad pradă dorinţei lor deşarte
Cad căpăţâni în colburi, tăişul le desparte,
Dar asta întărâtă mai mult pe visătorii

Nevolnici care speră s-o aibă drept răsplată
De-nving. Chiar Hippomene vrăjit de frumuseţe
Se-avântă în arenă, ba chiar îi dă bineţe
- Alege-mă pe mine! Hai să pornim îndată!
Ea tristă îl priveşte şi nu vrea provocată
Să fie de imberbul fiu al lui Megareu,
Nepot al lui Onchestus şi descendent din zeu,
Ştiind de profeţia prea des învederată.

- Viteaz? Desigur este dacă şi-ar da viaţa
Ca soaţă să mă aibă. Dar dacă nu mă-ntrece
Lăsa-voi îndoiala gândirea să-mi înece
Şi inima-mi fierbinte o va răpune gheaţa?
Ce a urmat? desigur ne spune tot poetul:
Au hotărât să-nceapă, de temeri încercaţi,
Două făpturi frumoase, dorinţei lor soldaţi,
Aleargă. Hippomene îşi va vădi secretul.

Iubind pe Atalanta, dorind-o peste poate,
A implorat pe Venus: doar să învingă cere.
Zeiţa-i dă în taină bun sfat, de aur mere,
Din când în când s-arunce, nu deodată, toate.
Frumoasa Atalanta a înţeles tertipul,
Alege să culeagă zeieştile lui daruri.
E-nvinsă, dar de-acuma, alesele lui haruri
O potopesc, iubirea îi luminează chipul.

- Ferice sunt, dar Venus s-a mâniat pe mirii

Ajunşi de-acum departe. La altarul Echion
Nu au aprins tămâie, iar zeiţa, ghinion
Le scrie-n cartea vieţii şi-n cea a nemuririi.
Lor le-a născut, perfida, dorinţe nepermise
Şi pângărit e templul de-mpreunări păgâne,
Aflat-a Hera totul, ce-a hotărât rămâne
Pedeapsă întinării prin faptele proscrise.

Îmbrăţişaţi, iubiţii, de aspră-nfierbântare,
Uita-au datoria şi-au mâniat pe zeii
Ce nu-i trimit la Hades, dar îi preschimbă-n leii
Ce-şi mistuie iubirea în aspră încleştare.
... Târziu e! Jaru-n spuză se trece, lira tace.
De-acum ascultătorii răceala nopţii-ndură ...
Gândind la întrebarea: Iubirea naşte ură?
De ce, mereu, Olimpul, destinul ne preface?

21 aug 2017

BROAȘTELE

Atunci când porți la sânu-ți, lumina și blândețea,
Când rătăcești pe cale ca să eviți ocara
Junonei ne-mpăcate, atunci îți porți comoara,
Apollo și Artemis, feriți de injustețea
Olimpului ori celor care se cred stăpânii
Naturii și alungă pe cei ce vor s-adaste
În așezări ferite de întâlniri nefaste...
Dar s-ascultăm în tihnă ce povestesc bătrânii.

A zămislit Latona, lui Zeus, mândrii gemeni,
Un zeu pentru frumosul din oameni și din lume,
La fel maternitatea, avea acum un nume
Artemis, sau rodirea când câmpul vei să-l semeni.
Au rătăcit din Delos, când mai plutea pe mare,
Ajunși apoi în Lycia, în patria Chimerei,
Dorind să frângă chinul arșiței, cată vrerei
Copiilor și-ajunge la apa stătătoare.

Un lac micuț, pe maluri, săteni strângeau nuiele
Și papură, și alge încovoiați de treabă,
Sfioasă, îi salută sfârșită și-i întreabă
De poate să bea apă, iar ei, porniți pe rele
Încearcă s-o alunge în loc să o primească,
Au tulburat și apa să nu își poată stinge
Din sete. Supărarea, zeița își învinge,
Întreabă - Este lacul averea lor obștească?

De ce nu pot drumeții să-și răcorească fața,
Ori buzele crăpate oriunde în Elada?

Sătenii, gureşi tare, încep îndată sfada,
Mânjind şi ospeţia, şi zilei, dimineaţa.
- Nevrednică vi-i fapta! Apoi fata lui Caeus
S-a mâniat pe dată. Privind spre ceruri, cheamă
Asupra lor pedeapsă. Urgie, groază, teamă
Primesc asupritorii copiilor lui Zeus.

S-au preschimbat sătenii în broaşte, trupuri hâde
Au cap, nu gât, turtite-s şi vocea răguşită.
Netrebnice fiinţe, li-i soarta hărăzită
Să fie certăreţe şi par mereu a râde
Spre soarta nemiloasă. Ascunse în noroaie
Ori în adânc de ape în care se vor pierde,
Cu râia atârnată pe spatele lor verde,
Orăcăiesc amarnic, afoanele cimpoaie.

Morala? Să nu fie, al broaştei, avatarul!
Această pildă aspră e despre omenie,
Sunt apa şi odihna aleasă ospeţie,
Oriunde şi oricine îţi va călca hotarul!

31 aug 2017

Juninca Io

Prea des în legende vorbim despre toane!
Olimpul stârnit de himere inundă
Pământul cu triste porniri. Să le-ascundă
Își pun lașitatea și ura zorzoane.
Iar mofturile-ngenunchează destine,
Rup fii de părinți și pe soțul de soață,
Revendică tot firea lor hrăpăreață
Uitând de onoare, uitând de rușine.

Inachus e râul părinte ce-și plânge
Copila lui nimfă părelnic pierdută.
O cată prin lume, nimic nu-l ajută
Și simte durerea cum inima-i strânge.
De mârșavul zeu Jupiter urmărită,
Prea mândra lui Io prin codri încearcă
S-alunge departe blestemul de Parcă
Și pofta zeiască de care-i gonită.

Pășunile Lernei, păduri și ogoare
Le calcă grăbită cercând să se-ascundă,
Lipsită-i de casa ascunsă sub undă
Și iată, e prinsă-n abjectă strânsoare.
De-acum pângărită, o nouă năpastă
Pogoară pe ea, infidelul o schimbă-n
Junincă și-o lasă lipsită de limbă,
Netrebnicul zeu cu geloasă nevastă.

Junona o-nlănțuie Argus privește
Cu suta de ochi la prea trista făptură

Ea paşte mugind, umilinţa îndură
Şi doarme pe paie când se odihneşte.
Mişcat de pedeapsă a dat Saturnianul
Poruncă, Mercur drept la Argos să meargă
- Ucide-l pe dată! Vrea astfel să-şi şteargă
Păcat şi ocară pe veci Olimpianul.

Îi cântă cu naiul, pe loc îl adoarme
Şi lasă pe Io să fugă-n pădure,
De paznic se-apropie şi cu secure
Lui Argus se-ncumetă capul să-i sfarme.
Mişeii-s mişei, cum poţi oare o crimă
Cândva făptuită s-acoperi cu-o altă?
Ce dacă sunt zei? Conspirând laolaltă
Vădesc necurmat numai lipsă de stimă.

Atât despre zei. Io-n ape revine
Tot nimfă frumoasă dar curând fi-va mamă
Pe pruncul zeiesc ea Epaphus îl cheamă
Şi merg către mâine-mpletiţi în destine.
Atâta necaz s-a stârnit dintr-o toană
Şi-atâta amar! Numai zeii se-nfruptă
Iar ceilalţi îndură o soartă coruptă,
Adaos de-o zi-n olimpiana coroană.

06 sep 2017

Cadmus și Armonia șerpii

V-aduceți aminte de tinerii stinși
Ce-Atena nu-i lasă să-i plângă părinții
Și-ndeamnă pe Cadmus să semene dinții
Din ei să renască soldați neînvinși?
Cu ei el ridică-ntr-un simplu hotar
Pe sânge și brazde crestate cu plugul,
Oraș pe câmpia aflată sub crugul
Selenei, e Teba cu sfântu-i altar.

Ascunse preziceri sub plânset de liră,
Când Cadmus răpus-a Pithonul lui Marte
Ecoul aduce un glas de departe
Încet, șuierat: - Tot Olimpul conspiră
Nu mult timp fi-vei brav fiul lui Agenor,
Să hulești ce-ai ucis, un balaur strivit!
Într-o zi, tot la fel, fi-vei tu osândit
Și schimbat în șarpe, trup târâitor.

Chiar dacă ești azi soț pentru Armonia,
Frumoasa fiică-a Venerei cu Marte
Te poartă exilul departe, departe...
Acolo-n Iliria te-ajunge mânia
Acelui ce-a fost și lui Python bun tată
Azi 'geaba întrebi de sorgintea lui sfântă,
Peste ani, zeul Marte blestemul cuvântă:
- Să fie pedeapsa-mplinită pe dată!

Pe când Armonia și Cadmus, ferice
Cu oaspeți se-ntrec în poveștile vechi,

Lui limba-i despică şi fără urechi
Zadarnic încearcă în mâini să ridice
Pocalul. Vocea se stinge fără cuvânt,
Iar gâtul se-ngroaşă, apoi se lungeşte
Şi trupul se-mbracă în solzi ca de peşte
Blând soaţa-i şopteşte un nou legământ:

Ea zice: - N-am fost muritor şi o zee
Mereu fericiţi după falnica nuntă!
De-aceea mă leg, vom fi doi ce înfruntă
Destinul promis pe Câmpii Elizee.
Aşa cum aici înfruntat-am chiar cerul
Când toţi cinci copii ne-au răpus fără milă
Vlăstare purtând rând pe rând, dar cu silă,
Netrebnic dar al Venerei, colierul.

În braţe îl prinde, el o-ncolăceşte
Sunt trup lângă trup, împreună se schimbă
Îşi şuieră dor cu-nspicata lor limbă
Doar spaima-ntre oaspeţi tot creşte, tot creşte ...
Legenda-i sfârşită dar învăţăminte
Poţi lesne desprinde. Nebunele Parce
Pot lesne destinul cuiva a-l întoarce,
La fel muritorii şi zeii, aminte

Să ia când în viaţă, prin vorbă sau faptă,
Ating sau rănesc purtători de blesteme.
Nimic nu se schimbă pe loc, dar în vreme
Tot răul făcut chiar spre ei se îndreaptă.
Poetul a dat şi nou rost Armoniei,
Fecioara născută din stirpe cerească,
Cu un muritor a dorit să sfârşească
Schimbând înţelesul epifaniei.

07 sep 2017

PIETRELE

Prolog

Erebus şi Noaptea şi Ziua, Eterul
Au fost să se nască la-ntâia chemare,
Înaltul, lumina şi-adâncul de mare,
Uranus şi Geea, cu ele misterul
Genezei lui, omul, infima făptură
Menită pe întâietori să-i cinstească
Cu jertfe-n altare, nu jertfă lumească
Dar nu oropsită prin valuri de ură.

Greşit-au din faşă toţi zeii menirea
Minţind, ucigând, sau în gheare şi ghinturi
Să frângă ce-i viu când descind din olimpuri
Şi-n pietre, pe veci, să le-ngroape simţirea
Fiinţelor vii ce le-au vrut subjugate,
Cu fulgere, biciuri, blesteme, otravă
Prin toane de-o clipă, cu minte hulpavă,
Bolnave porniri însemnând răutate.

16 apr 2017

STATUILE

Vorbit-am de haos, de stările lumii,
De ape, de vânturi, păianjeni ori lauri,
De morți și renașteri, de nimfe, balauri ...
Acum să privim spre poveștile humii.
La om, Prometeu, zămislitu-i-a trupul
Cu apă și soare-mpletite. Cunună-s
Simțiri și iubirea ce-n pieptu-i se-adună
Și-n spirit se țese atomul cu lutul.

Cuvântul e-n oameni, frumosul e-n toate:
În flori monocrome, în vântul ce-adie,
În triluri măiastre, cânt de ciocârlie,
Ori licăr de stele pe boltă pudrate.
Splendide pot fi și apusul de soare,
Și-n cer curcubeul, și sunetul lirei,
Cununa de flori de pe fruntea copilei,
Bronzuri și steiurile nemuritoare.

Visul se trece-n ale marmurii valuri.
E sculptorul cel ce pătrunde cu mintea
Adâncul inert unde-și află sorgintea
Statui înălțate pe noi piedestaluri.
Pygmalion cioplește din fildeș făptură,
Splendoare de care se îndrăgostește.
O strânge în brațe, ea parcă-i vorbește,
Sub cununa de flori și sărut pe gură.

Visează nebunul... iar Venus, dorința
Pe dată-i ascultă, în fildeș suflare

Strecoară. O-nvie! Pygmalion tresare,
Îşi pierde din ochi şi din piept suferinţa.
Acesta-i exemplul când arta dă viaţă
Şi trece-n real vise şi idealuri.
Legendele spun că, adesea, sub voaluri,
Se-ascund inimi reci învelite în gheaţă.

E Anaxareta o pildă ştiută,
Iubită de Ifis, din stirpe umilă,
Prinţesa-l alungă lipsită de milă,
Cuvintele grele se schimbă-n cucută.
Înfrânt, alungat, proferează blesteme:
- Închisă pe veci între recile ziduri
Vei pierde curând frumuseţea şi riduri
Adânci vor veni neiubirea să-ţi cheme.

Apoi s-a sfârşit şi îl plânge cetatea
Iar ea la fereastră dă fuga să vază
Sicriul purtat. Împietreşte de groază,
Statuie pe veci. Împlinită-i dreptatea!

01 apr 2017

BATTUS

Un om are-n faţă destinul şi-o cale
Din prima lui clipă şi până când moare.
Primeşte firesc dar de la ursitoare,
Răsplată-i pot fi bucurie ori jale.
În vremi de demult, colindând prin pădure
Mânând spre păşuni herghelia de iepe
Rândaş lui Neleus, calvaru-şi începe
Minţind pe Mercur ce-ndrăznise să fure

Cireada de vite a zeului Soare.
Nepotul lui Atlas în codru le-ascunde
Ferite de ochii ce vor a pătrunde
Si-i pune lui Battus această-ntrebare:
- Vei spune cuiva ce-ai văzut? Drept răsplată,
O vacă din ciurda lui Febus-Apollo
Primi-vei de taci şi nu-ndrumi într-acolo
Pe cei ce vor vrea înapoi să le-abată.

- Te du fără grijă! Mi-i vocea legată!
Iar zeul porneşte dar parcă nu-l crede,
Coboară o vale, când Battus nu-l vede
Cu chip prefăcut şi cu voce schimbată
Se-ntoarce şi zice: - Văzut-ai bătrâne
Trecând pe aice ciopoare de vite?
De-mi spui, însăşi zeul un dar îţi trimite,
Un taur şi-o vacă drept plată rămâne.

- În munţii aiceia-s! - Infamă trădare!
Pe veci fi-va-ţi vocea legată şi mută

Aşa cum jurasei, o rocă tăcută,
Index, nume nou, piatră de încercare.
Noi singuri alegem: onoare, minciună,
Drum fără ocol sau găsim ascunzişuri.
Ni-i vorba o armă cu două tăişuri
Ori sunet de liră cu limpede strună.

20 apr 2017

Aglaura

Şi zeii cerşesc. Nu e doar omenească
Dorinţa de-a fi respectat între semeni
Nemuncita onoare înfrăţit-a gemeni
Pe el, omul de rând, cu clica zeiască.
Când unul se-nalţă pe altul doboară.
E binele-n ei simplă închipuire,
Să dai, să ajuţi e doar înşiruire
De vorbe prisos, dacă ai o comoară.

Legenda aceasta, de tâlcuri adâncă.
E despre doi zei şi vreo două prinţese
Iubirea cu ura în ea se-ntreţeşe
Şi lacomul suflet îl schimbă în stâncă.
Cu Hermes începe nedreapta-ntâmplare,
Spre Attica-n zbor s-a pornit Cillenyanul
Prea frumoasa Herse-i stârneşte aleanul
O vrea, se zoreşte răpus de ardoare.

Îşi piaptănă părul, îşi perie haina,
Hlamida pe umăr atent potriveşte
Spre palatul din Cecrops, în zbor, porneşte,
Hotărât copilei să-i vestească taina.
Atât că din grabă greşeşte iatacul,
Doi ochi îl privesc, sora ei, Aglaura,
Atentă-l întreabă cu dezinvoltura
Acelei ce vrea să profite şi sacul

Să-şi umple cu aur. Ea sora îşi vinde.
Minerva veghează, ar vrea lăcomia

Să-i frângă Aglaurei. Cu cerbicia
Zeiască în lațu-i știut ea o prinde.
De-ar fi să primească răsplata promisă
Prin fapta-i mârșavă-nșelându-l pe frate,
Gonește spre peșteră unde s-arate
Invidiei planul ei de basilisă.

Degrabă o-ndeamnă din șerpii din casă
Atentă să soarbă pe dată veninul
La fel de degrabă, Aglaurei, chinul
În piept să-i strecoare din gura băloasă.
Norocul lui Herse o mistuie, arde,
Ar vrea ea pe zeu să îl aibă de soață
Adânc în adânc ura grea o înhață
Iar gura-i izvor pentru gânduri bastarde.

Blestemul pătrunde în trup și în minte
Tătânelui vrea să îi spuna mârșava
Ei faptă,-i târziu, o doboară otrava
Se sting într-un scâncet nespuse cuvinte.
Privirea apune, în oasele-i gerul
Se-așază statornic, e trupul povară,
Tăria din piatră de-acum se pogoară,
O prinde cum zorii învăluie cerul.

Târziu peste toate o liniște suie
Se-așterne când bardul din cântu-i se-oprește
Minerva a-nvins, preschimbând mișelește
Aglaurei grea lăcomie-n statuie.

04 aug 2017

Niobe

Inquam:
„nihil es in imagine vivum"

Vă amintiţi, pesemne, măiastră ţesătoare?
Se lăuda-ntre nimfe: - Mă-ntrec şi cu zeiţa!
Mai pricepută fi-voi şi-oi mânui igliţa
Mai bine ca oricine, eu nu-s o oarecare!
La spusa ei, Minerva, i-a pedepsit trufia
Schimbând-o în păianjen cu sucul lui Hecate.
Deşi sunt cunoscute aceste vechi păcate
Niobe, prin Tantalus a moştenit mândria.

- De ce -n străvechi altare, Latona-i venerată?
Răspundeţi, thebaide! Şi rugăciuni pioase
Îi ridicaţi spre slavă? Iar vorbele tăioase
Continuă: - Uitat-aţi că mi-e Thantalus tată?
Acel care doar singur avu îngăduinţa
De-a sta cu zei la masă! Am mamă din Pleiade,
Iară bunic mi-e Atlas. Vedeţi? Deci nu se cade
Doar pentru ea tămâie să ardeţi! Umilinţa

Rămâne toată-n Teba. Priviţi la frumuseţea
Reginei voastre! Credeţi că toată măreţia
Îmi vine doar prin stirpe? A mea e bogăţia
Cetăţii ce ni-i casă. A ei e doar tristeţea.
E zestrea mea ca mamă, odraslele avute
Cu Amphion, blând soţul, copiilor mei tată
Cu toţii paisprezece în casa lăudată,
Nu mai cârtiţi prin colţuri şi vrute şi nevrute!

Chiar de-ar meni Minerva să-mi oropsească pruncii
Şi moartea către unii din ei să o aplece,
Tot mulţi rămân şi astfel nici stirpea n-o să-mi sece,
De ce m-aş mai supune neabătut poruncii?
S-a indignat zeiţa, pe Cyntus, pe o stâncă
Odraslele îşi cheamă, Apollo şi Diana
Descalecă din nouri şi-ndata olimpiana
Începe să le spuna de jalea ei adâncă.

Se tânguie, blesteamă vrea fir cu fir a spune
Cum a-ndrăznit Niobe şi-a pângărit altarul
Cu vorbe veninoase şi-şi varsă tot amarul
Copiilor le cere degrabă s-o răzbune,
Încalecă iar norii şi Phebus dar şi Phebe
Cu tolba în spinare pe zidurile Tebei
Descalecă şi-ndată, cumplit destin Niobei
Aleg să-i hărăzească şi fără să întrebe

Încep moarte să zvârle. Astfel din arc de zeu
Ismenos, şi Sipylus, Tantalus şi Phaedimus,
Răpuşi cad sub săgeată şi îi urmează-n humus
Alphenor, Damasichton şi chiar Ilioneu.
Aflând cumplita veste Amphion îşi implântă
În inimă pumnalul îndurerând cetatea
Niobe vrea să-şi afle numaidecât dreptatea
Şi plânsă, dar tot mândră, înspre Olimp cuvântă:

Ai reuşit, Latona, să-mi prăpădeşti toţi fiii!
Dar tot am şapte fete, mai multe decât tine
Şi sunt regină-n Teba, am tot ce se cuvine
Oricât ai fi de crudă, nu-mi poţi stârpii copiii.
Nici n-a sfârşit gâlceava, Diana îi străpunge
Copilele aflate la catafalc să-şi plângă
Pierduţii fraţi de mamă cu vorba ei nătângă

Apollo-n bălţi de sânge, crud razele-şi răsfrânge.

Aflat-aţi despre drama reginei şi femeii
Ce a curmat destine mânată de trufie.
Mândria a schimbat-o în stâncă pe vecie,
Nimeni în lumea asta nu-i mai presus ca zeii!
Hulind vei naşte lacrimi zidind nefericire.
Acei ce vor Olimpul să-nfrunte să-nţeleagă
Că pot oricând în viaţă destinul să-şi aleagă
Purtând cu demnitate propria devenire.

08 sep 2017

Atlas

Învinsă-i Medusa şi ziua se stinge!
Perseu poartă-n zbor, prin deşert, căpăţâna
Iar chipul gorgonei, Atena, stăpâna
Pe scut îl va pune şi-n veci va învinge.
Dar până acolo e cale departe...
Eroul purtat e de nori peste mare
Incolo şi-ncoace, el poate să zboare-n
Văzduh cu sandalele înaripate.

Colindă pământuri şi câmpuri fetide,
Iar ziua se trece, i-e teamă de noapte
Ajunge-n grădina cu merele coapte
Aflate în pază lângă Hesperide.
El regelui Atlas îi cere s-adaste
Doar câteva ceasuri, până Aurora
Va fi să ridice în zare noi focuri
Iar vântul cu nori risipiţi pe alocuri
Trezi-vor iar zorii şi-ncinge-vor hora.

- Sunt un călător şi îţi cer găzduire
Ajuns obosit, nu sunt un oarecare,
Nu voi nici banchete şi nici de mâncare
Doar loc de odihnă semn de preţuire!
Iar Atlas priveşte şi-n minte-i revine
Prezicerea veche când lui, Parnasiana,
Zeiţa Dreptăţii clăditu-i-a teama
Că fiul lui Jupiter, fără ruşine,

Sosi-va cândva pentru mere să fure,

Acelea crescute cu totul de aur
Păzite de ziduri şi de un balaur
Pe oaspele său nu mai vrea să-l îndure.
- Nu-i loc pentru tine la margini de lume
Aici pe pământuri legate cu cerul!
Chiar Thetis demult dezlegat-a misterul
Ajungerii tale. Chiar dacă ai nume

Cerut de Danae de la Ursitoare
N-am pat pentru tine! Mai bine du-ţi paşii
Departe de mine! Şi cheamă rândaşii
Să-nfăptuie spusa lui prigonitoare.
- Ţi-e trupul puternic şi braţul tău poate,
O!, Atlas de vrei, să răpui pe oricine!
Dar sufletul mic şi orbirea te ţine
Să judeci mai bine. Un rege socoate,

Atent cumpănind totdeauna temeiul
Să rabde sau nu cine pragul îi trece.
O gazdă de vrea ca un oaspe să plece
Ea calcă-n picioare ştiut obiceiul.
Mârşava ta faptă primeşte răsplată!
Şi chipul hidos al Medusei întoarce
L-ajunge pe Atlas blestemul de Parce
Şi-ntraga-i făptură în munte-i schimbată.

Aşa a sfârşit cel ce fost-a să poarte
Pe umeri o boltă cu stele ori soare,
El care a fost zeilor grea teroare
Uneşte pământul cu cerul prin moarte.

11 sept 2017

ASTRE ŞI APE

PROLOG

„Nici o speţă nu rămîne fixă, ci natura înnoitoare a lucrurilor întregeşte alte chipuri din altele.

Credeţi-mă, nimic nu piere în imensitatea universului.
Totul se schimbă şi îmbracă alte forme.

Se numeşte naştere începerea de a fi altceva decât a fost înainte. Şi a muri este a înceta de a fi acelaşi lucru.

Se mută unele elemente într-o parte, altele în alta, dar în totalitatea lor rămîn aceleaşi. Cred că nimic nu poate dura multă vreme cu aceeaşi formă."

Ovid, *Metamorfozele* - Cântul XV
- Traducere David Popescu

CALISTO ȘI ARCAS - URSA MARE, URSA MICĂ

Tu, Jupiter, robul poftirii carnale!
Vai, celei ce ziua dumbrava străbate,
Calisto, o nimfă cu tolba pe spate
E astăzi vânatul poftirii brutale.
O-nvăluie zeul schimbat în Diana,
Chemând-o la sine o prinde cu brațul
Infamă-i dorința, netrebnic nesațul,
De-ajuns să coboare-n noroaie prihana.

Dat nu-i doar aceasta rușinea copilei!
Nu faptul sortirii de-acum pribegiei
Mai are să-ndure coșmarul urgiei
Stârnit de Junona, fățarnica zilei.
Aceasta o schimbă pe loc în ursoaică
Gonind prin pădure ca orice jivină
Neștiind că în urmă și fără de vină
Lui Jupiter făt își lăsase ca maică.

Iar Arcas, copilul crescut singuratic
Ajunge în timp iscusit vânatorul
Își poartă prin codrii săgeata și dorul
Împins e să-și calce cuvântul hieratic,
Țintește ursoaica, pierduta lui mamă
Sloboade săgeata dar vântul o-ndreaptă
Aiurea și-mpiedică prea cruda faptă,
Iertări olimpiene la încă o dramă.

De teama Junonei, el, soțul preface
Ursoaica și fiul în noi constelații.

Dar nu-i de ajuns sunt din nou condamnaţii
Zeiţei. Lui Tetis îi cere opace
Oglinzi să răspundă sclipirii stelare
Şi chip nedorit să atingă oceanul.
Destul că pe boltă aflat-au aleanul
Arcas, Ursa Mică şi ea, Ursa Mare.

17 apr 2017

CYANE

A vrea să faci bine, să spui adevărul,
E starea acelora care încearcă
Să afle răspunsuri, să spere şi parcă
Norocul n-ajută-ndeajuns când răspărul
Croit în destin vrea-n adins să-mplinească
Nu rană în trupul supus vindecării,
Ci râpă în suflet, prăpăstii aflării
Sorginţii necazului pus să rodească.

Ştiu! Orice poveste începe cuminte...
E Pergus un lac unde lebede cântă
Pe malul umbros, Proserpina se-avântă
Cu alte copile, se-ntrec în cuvinte
Şi trudă să facă ghirlande-mpletite
Din ramuri şi flori risipite prin iarbă...
Amarnic ecou face codrii să fiarbă
Şi zarea o-mbracă în haine cernite.

Netrebnicul Pluton răpeşte copila.
O trage în caru-i, îndeamnă trăpaşii
Cu biciul, departe să-şi mântuie paşii
Fiica lui Ceres nu îşi află mila.
Gonesc peste munţi, peste Palice mlaştini,
Pe frâie şi hamuri sudoarea dospeşte
Doar nimfa Cyane fugarii opreşte:
- Vrei mire să fii? Te întoarce la datini!

Peţeşte-ţi aleasa! Eşti zeu ori tâlharul
Strivit de nesaţ şi învins de ardoare?

Şi aici, şi-n Olimp cununia-i onoare,
Te-opreşte! Nu trece Siciliei hotarul!
Cu sceptrul, amar a lovit saturnianul
Adânc, în pământul ce-n jur se despică,
Genune se cască, duhoare ridică,
Cyanei devine pe dată duşmanul.

Durerea rapirii o umple de lacrimi
Ce curg nesfârşit, trupul ei se desface
În picuri, şiroaie, apoi se preface-n
Izvorul durerii. Răpusă de patimi
Născute în zeu în pământ se afundă,
Renaşte izvor cristalin, apă sfântă,
Chezaş de-adevăr care răul înfruntă
Trecându-şi povestea, un susur, în undă.

12 iun 2017

Arethusa

Descinsă din Pisa, obârşia-n Elida,
Iată legenda, spune Urania:
Străină ajunsă-n vechea Sicania
Destinul cel crud a lovit pe candida
Arethusa, nimfă în fosta Achaia.
În codrul Stymphale se adânceşte
Târziu, oboseala în trupul ei creşte
La râu se opreşte să stingă văpaia.

Cu chip de-Afrodită, cu trup de Diana
Lipsită de voaluri lăsate pe maluri
Coboară, ispită cuprinsă de valuri,
Cosiţa şi-a strâns cu un fir de bandana.
Un trup feciorelnic pătrunde în unde
În apa curată se naşte dorinţa
Atpheus e râul primindu-i fiinţa
Şi-adânc în adâncul ei vrea a pătrunde.

Aleargă copila se smulge să scape,
Şi goală goneşte, o ciută dorită,
De ramuri cu spini şi de vânt biciuită,
Cătând adăpost, simte râul aproape
Preschimbat în bărbat, e acum vânător
Fecioara dorind vrea să-şi vindece rana,
Arethusa imploră plângând pe Diana,
Primeşte răspuns, o ascunde-ntr-un nor.

Dar el dă târcoale pândindu-i conturul
Prin pânza de aburi şi stropii de ploaie.

E schimbată-n izvor şi albastre suvoaie
Sorbite-s în albia-i seacă de furul
Vrăjit de copilă ce-ar vrea s-o subjuge,
Zeiţa se-ncruntă, pământul vibrează
În prundul perfid ascunzişuri crestează
Deliana pământul desface, ea fuge.

Departe-n Ortygia-şi află scăpare
Izvor cristalin, apă dulce şi rece,
Jertfit călătorilor, setea le trece
Iar apa rămasă ajunge în mare.

05 iun 2017

BYBLIS

Din vreme în vreme privim în abise
Din noi, înspre taine adânc zăbrelite,
Sub cruste formale se află ispite,
Ovule fecunde de fapte proscrise.
Renunţ, sau mă-ncumet? Ce punte firavă,
Duel sângeros între suflet şi minte!
Uităm de canoane şi luarea aminte
Devine, în urmă, pocal cu otravă.

Atingeri de floare, sărutul zburdalnic,
Viaţa, trăirea nebună,-nfiripă.
El, frate, ea, soră, torc clipă de clipă,
Din firul întins spre destinul pârdalnic.
Ajunsă fecioară, Cyane-l doreşte,
În vis ori când trează văpăi o încearcă.
Purtată de mână de-o aprigă Parcă
Se zbate, se ceartă dar patima creşte.

În nopţile lungi cu visare se-mbată,
Vedenii rup legătura de sânge,
Trezia-i coşmar, ziua mâinile-şi frânge
Plăcerea nocturnă-i firesc reprimată.
Invocă pe Venus, pe-Adonis imploră
Să frângă a nopţilor grea colivie
Ce visul vădeşte, aievea să fie,
Cu Apolineanul iubit pentru soră.

Frământă trecutul şi simte revoltă
Doar el, Jupiter pe Junona o poate

Lua de soţie? E iar nedreptate-
'Ntre noi, pământenii şi clanul din boltă.
Doar zeii-s aleşi? Muritorii sunt restul?
De ce s-au nuntit Saturnianul cu Opis?
Ori naş cine-a fost când Oceanus şi Thetys
S-au vrut? E oprelişte astăzi incestul?

Decide să scrie cu mintea oloagă,
Tăbliţa de ceară va sta mărturie
Când sclavul aleargă cu flacăra vie,
Caunus, revolta din sine dezleagă:
Pe sol îl alungă, un biet flacăiandru,
Şi furia-şi urlă spre nelegiuită
Cyane se simte de-acum osândită
De crudul ei frate, nepot lui Meandru,

I-s gândurile rătăcite şi mute,
Zadarnic ar vrea Nimfele Lelegide
S-o-ntoarcă la viaţă, amarul ucide.
Zefirul se-apleacă sfios s-o sărute
Pe fata căzută în iarbă-n poiană
Şi află deschis urdinişul de lacrimi,
Târziu, curcubeul nebunelor patimi
O schimbă-n izvor ca celstă dojană.

04 iul 2017

Pegasus, Belorofon, Himera

Coşmarul e starea dorit efemeră,
Abis sau golgotă în vis ori trezie
Preschimbă credinţa într-o erezie
Din spaimele nopţii născând o Himeră.
Khimaira e frigul ori gerul ce crăpă
Cojocul de gheaţă al mării ori humii,
Echidna şi Typhon sunt relele lumii
Părinţi ai sluţirii cu capul de capră.

Hidoasei făpturi zămislite de zeul
Nebun arhitect de-ntrupări monstruoase
Căpăţână de şarpe îi adăugase,
Tridentul de groază-l închide cu leul.
Acelui ce-o vede îi frânge clepsidra
Când zvâre,-ntreită de flăcări dogoare,
Crescută de regele Cariei, teroare,
E soră de sânge cu Cerber şi Hydra.

Prea plin e de spaime, în Licia, poporul
Căci monstrul anunţă furtuni, naufragii,
Pe câmp, prin livezi înmiite ravagii,
Le spulberă-ntruna şi munca, şi sporul.
Bellorophon, eroul, ajunge în Argos
Nici gând să se lase sedus de Anteea
Şi drept răzbunare-a făpturii aceea
Trimis e la moarte de regele Pretos.

Să-nvingă Himera, ce grea încercare!
El roga pe zeul oceanelor, calul

Cu aripi să-i deie, preschimbe-se valul
În splendidul Pegas din spumă de mare
Şi trup de Meduză, El zboară alene
Spre Pisc Helicon frământând sub copită
Pământul ce crapă, iar apa ivită
Va naşte izvorul numit Hippocrene.

Dar cum să supui o măiastră făptură?
Athena pogoară cu frâie-aurite,
În miezul de noapte prin vis îi trimite,
Tertipul de-ai pune zăbala în gură.
În doi se avântă spre bolta-nstelată
De-asupra Hymerei, sub raze de lună
Uniţi în destine cei doi, se-ncunună
Când monstrul străpuns este de o săgeată.

Atâtea-ncercări, Pegas în constelaţie-i
Schimbat chiar de Zeus, vestind Primăvara.
Izvorul lui muzele-nduplecă seara
Să-ndrume poeţii şi barzii-n creaţie.
Asta-i povestea, Bellorophon smintire
Târziu dobândi-va-n Câmpia Aleia.
Pedeapsa Olimpului pentru aceia
Născuţi muritori, dar visează mărire.

31 iulie 2017

Final

(Pytagora - învățături despre transformare) sau Homo homini lupus

Intoleranții

În zorii zilei şase odrăslit,
Punând Genezei, spiritul, adaos,
Sperase Demiurgul, ce-a fost haos,
Va fi, eternității băjenit.
A pus pe culme lut însufleţit.
Nadir - Zenitul preschimbat în naos
Stăpân peste natură, casei paos
Tot Dumnezeu ne dase, însutit.

Cum am răspuns? Întâi l-am proslăvit,
Prinzându-I numele în rugăciune,
S-a dovedit a fi deşertăciune,
Seara uităm că ziua l-am minţit.
Şi Fiu, şi Adevăr l-am răstignit.
Făcând îndestulării plecăciune
Viaţa devenise-ngălăciune,
Întregul trup şi suflet osândit.

Ne e prezentul tragic infinit
Lumina ta schimbat-am în tenebre,
Ne suntem nouă carele funebre,
Iar Terra, un sărman bordei sluţit.
Am schilodit cuvântul, împlinit.

Bieţi fanfaroni ai unei noi algebre,
Ucidem viaţa pârjoliţi de febre
Intoleranţi păşind spre asfinţit.

Nevrednici, azi cerşim apoteoză
Imundei deveniri ajuns-am sclavi
Minciunii, lăcomiei, toţi cei bravi
Pierit-au, peste timp! Metamorfoză
A spiritului-lut într-o perfidă,
Sinucigaşă creatură. Individ
Departe de-nţelesul tău, Ovid,
Un strugure cu gust de aguridă.

29 iul 2017

Astralis

miracolele sunt miracole tocmai pentru efemeritatea lor...
singurul miracol etern este viaţa însăşi...

MENESTREL PRIN LUMI STELARE

E-atâta lumină în neanturi adaos
Şi-atâtea tăceri răzemate de astre
Strunite-n orbite, planete fiastre,
Par note pictate, pe rune, în haos.
Le văd cum valsează, la stea iau aminte
Şi straiul îşi schimbă, de noapte ori zi,
Pun negru pe-azururi la ceasuri târzii,
Sunt raiuri vieţii şi tot ei morminte.

Decor fascinant Demiurgul aşază
Estrada e plină, actori neştiuţi
Cerşesc ajutor de la îngerii muţi,
În fracul lor alb cu ştiuta emfază.
Un veac, un mileniu,-n liniştea frustă
Se cerne un zumzet, eterul vibrează
Un biet menestrel cu lăuta cutează
S-alunge-n culise tăcerea vetustă.

Priveşte adâncul, brodează pe strune,
Îi viersul cuminte, uitarea senină,
Îşi murmură numai cântarea divină,
Legende prin vremi zămislite-n genune,
Naşteri şi creşteri, eroi, aspiraţii,
Ori gând de mărire, minciuni, viclenie,
Cădere, otrăvi, răzbunări, agonie,
Sfârşite-n zodiare şi-n constelaţii.

Povestea-i mai multă
Ascultă cum creşte
Acord de lăută
Şi bardul vesteşte:

Berbecul e-ntâiul ce-atârnă în slavă
Lui, solului vieţii cu noi începuturi
Divin creator strălucind în amurguri
Îi dăruie bardul întâia octavă.
Prin steaua lui Ares, sau Alpha Arietis
Îmbracă în farmece lâna de aur.
Semeţ pe cadran este Marelui Faur
Prin coarnele falnice-n media noctis.

Povestea-i mai multă,
Ea nu se sfârşeşte,
Înstrunând lăută,
Blând, bardul rosteşte:

Un Taur ceresc, semn pentru Afrodita,
Prăvale spre Ghilgameş cumplitul amar,
E sol dragostei frânte-a zeiţei Isthar,
Sau fertilitatea Innanei, slăvita.
A fost însuşi Zeus dorind Europa,
A Feniciei fiică şi lui Agenor,
Purtată pe spate spre al Cretei decor
Plătind îndrăzneala îşi scrie metopa.

Povestea-i mai multă
Ascultă cum creşte
Acord de lăută
Şi bardul vesteşte:

Cadranul se-nvârte ş-apoi Dioscurii

Târziu mărturie că Zeus Posedă
Frumoasa regină şi mamă lor, Ledă,
Pătându-i onoarea, jertfindu-i augurii.
Ei, Castor şi Polux, doi fii dimpreună,
Spre Argos colindă, vestiţi marinari,
Focul Sfântului Elmo cu braţele tari,
Binară lucire în noaptea străbună.

Povestea-i mai multă,
Ea nu se sfârşeşte,
Înstrunând lăută,
Blând, bardul rosteşte:

A Racului zodie bolta presară
Cu slaba-i lumină la fel ca Selene
Semn al cuadraturii hiperboreene
De însuşi Heracle făcut de ocară.
Amantă a zeilor, sfântă a nopţii,
Iubirilor sol, Luna-n taină coboară,
Iubind pe Endymion seară de seară,
Ferindu-i de rău şi pe-amanţi, şi chiar hoţii.

Povestea-i mai multă
Ascultă cum creşte
Acord de lăută
Şi bardul vesteşte:

Odraslă-i e Leul Nemeii lui Zeus
Amarnica fiară mereu neînfrântă.
Soseşte Hercule,-l sugrumă în trântă
Urmare-a poruncii lui Eurystheus.
Deloc cuminţit, vânturi etasaniene,
Zănatica zodie zvârle în vară
Pârjoluri de raze pământu-nconjoară
Uscat şi avid după ploi uraniene.

Povestea-i mai multă,
Ea nu se sfârşeşte,
Înstrunând lăută,
Blând, bardul rosteşte:

E Dyke Fecioara lui Eos şi-Astreus,
Născută când pacea domnea pe pământuri,
Când răul soseşte ea urcă-n adâncuri,
Menirea-i sfârşind profeţită de Zeus.
În urma ei epoci, argint, bronz şi fierul
Adus-au războiul şi moartea-ntre oameni,
Onoarea-i pierdută pe veci printre fameni,
Doar Alpha Virginis mai mângâie cerul.

Povestea-i mai multă
Ascultă cum creşte
Acord de lăută
Şi bardul vesteşte:

În mâna ei ţine-Astraea, Fecioara,
Balanţa dreptăţii-ntronate prin lege.
Şi pusă-n tării unde poate să nege
Scăderile lumii luându-i povara.
Egală se-mparte-ntre ziuă şi noapte'n
Răpciune când soarele-ncepe să scadă,
Rugina din frunze le face să cadă
Şi-i semn de cules pentru fructele coapte.

Povestea-i mai multă,
Ea nu se sfârşeşte,
Înstrunând lăută,
Blând, bardul rosteşte:

Departe-n adânc, miezul Căii Lactee

Închide trimis de Artemis călăul
Vărsându-şi venin în Orion, iar răul,
Otrava şi Scorpio devin odisee.
În alte legende se spune că-s vajnici
Atenţi păzitori lui Shamasa când zorii
Se-nalţă spre boltă şi seara ori norii-l
Recheamă şi porţii-i sunt aprigii paznici.

Povestea-i mai multă
Ascultă cum creşte
Acord de lăută
Şi bardul vesteşte:

Un ceas mai departe-a lui Crotus e lumea
El, muzelor pază, pe Helicon munte.
Cu arc şi săgeţi pe oricine să-nfrunte
De ar îndrăzni să le pângăre culmea.
S-a scris Toxeteus, lui Crotus alt nume
Agil vânător, făcătorul de ritmuri,
Atent creator de sonore-arhetipuri,
Ţintaş, mai curând, nu rapsod, ca renume.

Povestea-i mai multă,
Ea nu se sfârşeşte,
Înstrunând lăută,
Blând, bardul rosteşte:

Ciudată făptură eterul iveşte,
Născut de Aix, însoţită cu Zeus
Aigipan fiul, cum spune Hyginus,
Un biet corp de ţap cu o coadă de peşte.
E simbol al iernii când noaptea-i prea lungă,
Iar norii îşi scutură cergile grele,
Ciudat Capricorn se-nfiripă-ntre stele
Hibridul hidos, Săgetător alungă.

Povestea-i mai multă
Ascultă cum creşte
Acord de lăută
Şi bardul vesteşte:

Frumos Ganimede, copil din Frigia
Răpit şi adus în Olimp de Aquilă
Avea tinereţea lui dată ca milă
Băiat la schimb pe doi cai şi efigia
Acelui ce varsă nectarul în cupă,
Lor, zeilor. Chipul palid seduce,
Stârnind-o pe Hera, geloasă să-l urce
Etern Vărsător, şi în cer îl surupă.

Povestea-i mai multă,
Ea nu se sfârşeşte,
Înstrunând lăută,
Blând, bardul rosteşte:

Atâtea legende, sfârşit e cadranul,
Eter împânzit de zeeşti faetoane
Pe boltă-mprejur aşezate icoane
Zodiacul pictat îşi remacină anul.
Desigur, din toate n-avem zodia peşti
Lipsesc Cupidon şi măreaţa stea Venus
De Typhon salvaţi poartă nodul ca signus
Alrescha îi leagă în final de poveşti.

Povestea-i mai multă
Dar azi se sfârşeşte
Înstrunând lăută
Biet bardul rosteşte:

– Au fost câte-n stele

Şi-n cer feerie,
Mi-s pleoapele grele,
Mi-e ora târzie!

... Un ultim acord şi e pace în ceruri,
Spre alt univers bardul nostru purcede
Baladei celeste tăcerea-i succede
Zodiile-şi nasc înnoite misteruri...

22 - 23. 03.2017

TRILOGIA HISTORIARUM
(partea a II-a)

APA VIE
- legende geto-dace
versificate de ovidiu oana-pârâu

Aveti capacitatea de a fi parţial zei, adică semizei, deoarece acolo unde există conştiinţă se află şi identitatea acelei conştiinţe. Fiinţele conştiente sunt conştiinţa zeilor.
   („Herto Valus" sau „Cartea lui Zamolxe")

Prolog

.ro
(lui Brâncuși *)

...

semn al începutului
stă poarta sărutului

...

soaţa gânditorului
cumintea pământului

...

scrisă-i pravila durerii
bocet în masa tăcerii

...

calea devenirii noastre
zborul păsării măiastre

...

ţărişoară împlinită
în coloana infinită

07 dec 2017

*Cu tot talentul său uriaş, Brâncuşi nu a putut da viaţă, prin lucrările lui, celei mai mai tăinuite frământări a sa, PUNCTUL.
Asta încearcă să compenseze alcătuirea de mai sus.
Dar trebuie să admit că vorbele mele nu pot cuprinde măreţia expresivei tăceri a lucrărilor sale.*

KOGAION

sau o altă înţelegere a legendei despre Muntele Sfânt, Axa, sau Polul Getic

Şi eu optez pentru localizarea Muntelui Sfânt al geto-dacilor în Munţii Bucegi, mai aproape de înţelegerea dată de scrierile lui Strabon (Geografia, VII,3,5).

Sensul devenirii succesive a lui Zamolxe din Mare preot în zeu poate fi acceptat dacă urmăm calea trecerii prin *Triplul sanctuar*, un spaţiu iniţiatic desfăşurat pe trei niveluri şi compus din trei stadii destinate ajungerii la cunoaşterea tainelor cerului.

Nivelul I. Peştera Ialomiţei numită „grota lui Zamolxe" sau *Grota Regilor* este locul unde aceştia veneau să ceară sfaturi din tării *(ex. Rhesus, Burebista, Decebal).*

Dar tot aici este calea de acces sau locul în care solii (aleşii sau „cei trimişi") intră „murind prima oară" moment urmat de o renaştere treptată spirituală pentru parcurgerea *Stadiului I* la capătul căruia devii *Neofit.*

Herodot ne spune despre o anume „trimitere a solului la cer" ce se înfăptuia prin aruncarea „în trei suliţe", obicei dacic sângeros, săvârşit în cinstea zeului Zamolxe. Ritualul trimiterii solului „cel mai drept si mai viteaz" (la fiecare cinci ani), se numea TIARANTOS adică „alesul jertfit Cerbului".

De fapt această „sacrificare" reprezintă alegerea unui personaj meritoriu şi integrarea sa în prima etapă dintre cele trei ale acestui proces de spiritualizare echivalentă cu „gradarea fundamentală".

Tot Herodot spune că cei care nu mureau aruncaţi în cele trei suliţi erau nevrednici ca trimişi la Zamolxe. De fapt nu este vorba despre un ritual ratat sau o desemnare greşită în totalitate ci despre „soli aleşi" ce nu deveneau Neofiţi şi nu se ridicau la nivelul următor, cel al *ascezei*, adică cei care parcurgeau prima etapă dar nu ajungeau la dorita înălţare spirituală spre stadiul următor. Despre aceştia, eu îndrăznesc să cred că ei reveneau în viaţa socială, dar nu stigmatizaţi de nereuşită, ci deveneau Solomonarii Bătrâni ca „urmaşi ai lui SO LOMONIUS" însemnând „Cel Luminos" (Zamolxe), nicidecum ai lui Solomon, regele străin de acest pământ. Ei se purtau mai apoi prin lume având ca veşmânt o ţundră albă, zdrenţuită iar într-o traistă îşi ţineau instrumentele magice şi Cartea Solomonăriei cuprinzând rânduielile traiului în ascultarea Domnului.

Alte legende spun că altfel de solomonari (cei hărăziţi să dea răspunsuri pentru frământările mai mărunte ale satelor), erau răpiti de mici de către Solomonarii Bătrâni şi crescuţi în crugul pământului, loc unde învăţau toate limbile făpturilor vii, toate formulele magice si toate tainele naturii, vrăjile si farmecele.

Dar să revenim la Povestea noastră. Cei ce depăşeau în peşteră împlinirea stadiului I ca *Neofiţi*, mor a doua oară şi se ridică la nivelul II.

Vechiul moare, noul se ridică!

Nivelul II. *Platoul Babelor.* Aici erau localizate *Altarul sau Sanctuarul Principal,* spaţiul destinat Stadiului II, cel în care renaşti şi parcurgi *Asceza*, calea către lumină sau *Calea Sfinxului,* la capătul căreia mori a treia oară şi te înalţi la nivel III.

Vechiul moare, noul se ridică!

Nivelul III. *Întreitul Stâlp al cerului* este locul celui ajuns şi renăscut ca *Iniţiat* în taina divină şi integrat în *Centrul Lumii* un spaţiu de spiritualitate sacră în legătura permanentă cu *Domnul (Dumnezeu).*

Vechiul moare, noul se ridică!

Acest *Întreit Stâlp al cerului* este delimitat pământeşte de cele trei vârfuri alăturate din Munţii Bucegi: Găvane, Omu si Vârful Ocolit.

Aceste trei stadii pe drumul luminii reprezintă Calea spre Dumnezeire. Traseul iniţiatic şi structura trinitară aferentă au fost numite Axis Hiperboreus sau Axis Mundi, iar *Zamolxe* este singurul care le-a parcurs în totalitate, devenind prin aceasta *Patriarhul Spiritual al Geto-Daciei.* Aşa trebuie înţelese toate mărturiile! Ele nu sunt despre *Zamolxe-zeul* ci despre *Zamolxe - Mare Preot*, ridicat la rang de zeu prin catehizare! *Adică Zamolxe era calea spre Domnul Dumnezeu!*
Vechiul moare, noul se ridică!

Mai târziu, comunicarea geto-dacilor cu *Dumnezeu* se făcea în ambele direcţii prin această *Axis Mundi: Zamolxis*, găzduit în *Sanctuarul* din spaţiul *Întreitului Stâlp al Cerului:* pentru el se aduceau ofrandele depuse pe *Platoul Bucegilor*, apoi asculta întrebările rostite la *Altar* de către *Marele Preot* numit şi *Călătorul prin nori* (ex. Deceneu) de altfel singurul care avea acces aici şi căruia i se întorcea răspunsul cuvenit.

Acum este vremea să vă conduc pe cărarea înspre începuturile acestui neam, aflând despre devenirea lui prin întremătoarea lume a legendelor geto-dace desluşite şi rescrise de mine în stihuri de mai lesne aducere aminte.

23 iul 2017

CIOCÂRLIA TRAGĂNĂ!

ciocârlia
tragănă
vechi legende
deapănă

cumpănă
pe slatină

cetină
şi datină

obcină
şi baştină

haină
mă caină

ciocârlia
tragănă
vechi legende
deapănă

19 aug 2017

Sphinx

Bărbat sau femeie? Această-ntrebare
Se-ascunde în pietre cioplite de vreme,
De vânturi şi ploi, pentru oameni toteme,
Ori borne terestre pentru întrupare
A celor veniţi şi plecaţi prin lumină,
Spre lumi unde spiritul trece de poarta
Materiei vii, făcând omului soarta
Din apă, ţărână, vânt şi foc să vină.

Făptura îngeamănă dualitate
A celor ce timpul pot lesne să-l toarcă.
Ei ştiu ca planeta e toată o arcă.
Însemn puterii şi autoritate
Emană simbolic prin trupul lui leul
Etern suveran cu statură solară
Inert, dar atent, o prea nobilă fiară
Cioplit orişiunde să-ntâmpine zeul.

Iar capul pe trup e o faţă astrală
Privind necurmat, prin noi, spre zenituri,
Orbitele goale desfid asfinţituri
Străjeri neclintiţi pân' la noua escală.
În Sfinx se conjugă repere astrale,
Şi Leu, şi Taur, geneză să poarte
Scorpion e simbolul viu pentru moarte
Vărsătorul e Om pe Lactee Cale.

E zeu? Este Om? Animal? Sau doar pietre
De îngeri cioplite în forme anume?

Simboluri în veacuri înscrise-n cutume
De vânturi şi ploi născociri peste vetre?

30 sep 2017

NA.
1. Legenda are chip în piatră nu doar în Giza, la Teba, în Hatra sau pe Platoul Bucegi. Cea mai veche reprezentare dăinuie de peste zece milenii la Kortik Tepe, în Turcia. Pietre numite ca atare sau întrupări ale fiinţelor supranaturale sub chip de om şi trup de leu găsim la Salamis în Cyprus, în Persia antică sub numele Martichora, Lamassu sau Shedu în Assiria, ca Marcahuasi în Peru numit şi „Monumentul Omenirii", este numit Purushamriga (Sanskrit) sau Purushamirugam (Tamil) în India, cunoscut ca Narasimha în Sri Lanka, Nora Nair, Thep Norasingh în Thailanda ori Manussiha sau Manuthiha în Burma.

2. Sfinxul din Bucegi nu este singur de pe teritoriul Daciei. Lui i se alătură alţi 11 confraţi ca un dodecalog pentru eternitate scris în piatră:

Sfinxul din Bucegi.
Sfinxul de la Topleţ (sau Sfinxul Bănăţean), pe Valea Cernei.
Sfinxul din Munţii Călimani.
Piatra Lăcrimată din Munţii Ceahlău.
Sfinxul din Măcin (Culmea Pricopanului).
Sfinxul din Munţii Igniş.
Sfinxul din Buştea, Masivul Breazău, Mânzăleşti, jud. Buzău.
Sfinxul din Retezat, Valea Stânişoarei.
Sfinxul Bratocei în Munţii Ciucaş.
Sfinxul de la Cetăţeni, Dâmboviţa.
Stânca Dracului, Hilda, jud. Sălaj.
Sfinxul Maramuresului, Cheile Tătarului.

Rhesus

O, rege! O, Rhesus! Aşa vrut-au zeii!
Te mână departe de casă nevoia
De-a fi înde-aproape lui Priam, la Troia
Să-nduplece soarta, să-nvingă aheii.
Ajuns tu păreai să-mplineşti un miracol,
În ultimul an din războiul iubirii
Cu oastea să pui capăt nelegiuirii,
Aşa cum vestise temutul oracol.

De-ar fi din câmpia troiană să pască
Trăpaşii tăi sau, de ar fi să se-adape
Din Strymon, va fi Ilionul să scape
De aspre-ncercări şi urgia grecească.
Ulysse ştia prorocirea şi vede
Atâtea speranţe de-acum năruite.
Trimisul troian, Dolon, el îl trimite
Trăpaşii să-i fure iar cu Diomede

Ucide din tracii sosiţi, doisprezece
În urmă pe Rhesus. El armele fură
Şi carul vestit, şi de aur armură
Ascuns e de noaptea ce-n ziuă se trece.
Măreaţa făptură s-a frânt într-o clipă,
Răpus mişeleşte, nedemna tădare
Împinge războiu-n ştiuta urmare.
O muză îi cere Athenei în pripă

Pe regele dus de pământ să-l dezlege
Ea trupul să-l dea Persefonei, să-l poarte
În Munţii Pangaion, acolo departe.
Va fi preot orfic, Dionis alege.

09 ian 2018

Focul viu, Zamolxis

Zicere:
Din tine a rămas doar o baladă,
te știu doar eu sau prea puțini,
prin negura de timp nu pot să vadă
cei rătăciți printre străini.

Când lacrima se scurge surd în mare,
când strigătul se naște-n trup,
aud din vremuri stinse o chemare
a lui Zamolxe... și un lup.
(Adina Velcea)

Zamolxis în cartea istoriei noastre
E pagina primă când omul e zeul,
Icoană cu munți și cu ape albastre
Cu chip pileat luat de chiar Dumnezeul.
Pământul sfințește și-adună toți dacii
Îndreptări să primească din legi, nu din magi,
Aminte să ia cum se-nalță copacii
Și cât lacrimi îi curg peșterii Polovragi.

Lumina mângâie și munți, și câmpia,
Pământul rodește egal pentru toate
Făpturi înțelepte ce-și află tăria,
În trudă și pentru acel ce socoate
Puterea-i tăcere adânc nerostită,
În bobul mărunt are casă răbdarea,
Lumina, sămânța spre ceruri ridică
Pământul dă viață, iar apa vigoarea.

E fulgerul rău şi pacea înfrânge,
Minciuna e temniţa strânsă de ceaţă
Trufia, hoţia, vărsarea de sânge
Sluţesc demnitatea şi mintea pe viaţă
Priveşte-i pe oameni, dar nu doar veşmântul
Bogatu-i sărac pentru liniştea dusă
Nu-i nimeni în veci mai bogat ca pământul,
Cel slab are-n el o tărie ascunsă!

Tu nu prinde-n suflet averea lumească
Ci înţelepciunea ce vine din lucruri
Ce au numai rolul ştiut să servească,
Doar firea umană rămâne de-a pururi!
Aşa s-a sfinţit pentru daci Kogaionul,
Se scutură veacuri de colbul uitării,
Revine din toate Zamolxis / Zeu / Omul
Şi Dacia-şi află firescul cărării.

18-19 feb 2017

Lupul Alb

Pe stânca lui se cuibărise umbra,
Chiar cerbii se temeau să dea târcoale,
El, Lupul Alb, pe ţancurile goale,
Privea tăcut, spre depărtare, tundra.

Pierea lumina'n cergi de întuneric ...
Tălăzuiau doar gloate disperate,
Lăsând în urmă, în cenuşă, sate
Şi fum mânjind un orizont asferic.

Zorind spre moarte, i-au uitat povaţa
Şi'n goana spre nimic pierdut-au urma
Păstorului nebun, imploră turma
Descântul lui să readucă viaţa.

- E noapte-n voi! V-aţi lepădat credinţa!
Nu'i leac în cer să curme ignoranţa.
Acum sunteţi umili, cerşind speranţa,
Dar dăinuieşte'n voi necuviinţa!

Nu negrul, însăşi teama vă'nconjoară!
Aţi risipit averea pe nimicuri,
Neruşinării dându-i mii de chipuri
Şi risipind a timpului comoară.

De ce s-ar risipi pe voi un astru?
Voi v-aţi închis în case în desfrâu,
Uitând de grija holdelor de grâu
Şi de covorul apelor, albastru.

Lumina-i pentru oamenii puternici,
Pentru acei ce cred în aurore
Cu ochii larg deschişi spre evermore,
Nu pentru laşi şi nici pentru nemernici!

24 aug 2015

Deceneu

Povestea de acum, nici nu s-a întâmplat!
E doar fulgurare vestind viitorul,
Prin care vechi gândul îşi cată nou zborul,
Spre ieriul ce mâine va fi postulat.

Povara tăcerii apasă Carpaţii
Iar Sfinxul îşi strânge orbitele goale,
Aşteaptă iar semnul pornit să răscoale
Trecutul, iar geţii să fie bărbaţii
Temuţi prin prinosul de sare şi miere,
Prin arc şi săgeţi ori prin falx-uri curbate
Stindardul cu lupul şi clopotul bate
Vestindu-şi duşmanii că ţara nu piere.

Un murmur spre poale tot creşte, tot creşte...
Mişcare-i de oameni ori vântul, stejarii
Îi sună? Ascultă atent spre fruntarii,
Spre ceata de oameni ce-n munte păşeşte.
Lumini ferecate de Lună-n halouri
Jivine ascunse adânc în bârloguri,
Vechi spaime-n poiene se strâng parcă-s stoguri
De fân şi culcuş pentru stinse ecouri.

Păşesc pe potecă Moş Timp şi Leandru,
Spre creasta Bucegilor urcă în taină
Cu Marele Preot în alba lui haină
Şi reazem toiagul lui de palisandru.
La poale de Sfinx, steaua magică-i semnul,
Întoarcerii-n vreme, el ochii deschide,

În piatră crestează dorite abside
- Zamolxis te aşteaptă! Se-aude îndemnul.

Purcede alaiul şi cu el, Deceneu
Spre Muntele Sacru şi poarta închisă,
Solie să poarte de soarta prezisă
Poporului get de Măritul lor Zeu.
De Şoimii Regali e vestit şi îndată
Despică-se stânca, în ea, sacerdotul
Şi-n timpul oprit se cufundă cu totul
În Peştera Sacră-n adâncuri tăiată.

Genunchiul apleacă privind Infinitul,
Lumini nevăzute-l inundă cu mirul
Eternului care îşi deapănă firul,
Şi pacea din jur îşi destăinuie mitul.
Zamolxis e-acelaşi bătrân veşnic verde
Pe Marele Tron, Lupul Alb la picioare
Îngăduie Duhului Sfânt să coboare,
Dă glas mesagerul, tăcerea se pierde:

- De-ajuns de adâncă a fost suferinţa
Acestui popor cu viteji ancestori?
Pe geţii şi urmaşii de azi să pogori
Iar semnul iertării! Întoarsă-i credinţa
Că numai prin Tine-or găsi ajutorul.
Cu Omu, Ceahlăul, Negoiu de pază,
Iubindu-şi trecutul, putea-vor să vază
Aflând în trecut şi-n prezent, viitorul!

Tăcere. În jur se întunecă locul,
Doar ochii de lup mai lucesc, reci amnare,
Zamolxis, târziu, dă răspuns la-ntrebare-n
Făclia din mâna-i se-aprinde iar focul.
- Ştiută-i în Steaua Maternă dorinţa!

Nu-n ceriuri ori zei regăsi-veţi putere!
Prin oamenii săi neamul creşte ori piere,
Ei singuri îşi curmă ori nu suferinţa.

05 mai 2017

SOLOMONARII

Zicere:
Omul Alb, şapte pieptare
Duruie, duruie tare
Toacă-ţi toaca! Toacă tare,
Duruie, solomonare!

Li-i casa-n adânc sub noiane de piatră,
Strigoii tăcerii din vremi neştiute
Cu norii pe frunte, priviri străbătute
De fulgere strânse la fel cum în natră
Stau fire să fie suveicii cărare,
Colindă să vindece lumea bolnavă
De arşiţi ori ploaie căzute din slavă,
Ori vechii metehne, leac şi dezbărare.

Privirile-ascunse sub plete cărunte,
Au traista pe umăr şi toaca lipită
De pieptul în care a fost scrijelită,
Întreaga durere-n vechi riduri pe frunte.
Şi trec şi se trec din cetate-n cetate,
Sfinţite statui de tribuni ai naturii,
Aci dau un sfat, colo stavilă urii
Ei află şi-ndeamnă pe toţi cu dreptate

Aflată în tolbă în cartea lor sfântă,
Zidire măiastră în stihuri ascunsă,
Din tainele lumii în veacuri e strânsă
Şi pilde-nţelepte de-acolo cuvântă.
Nasc teamă şi-s Marelui Moş ucenicii,

Ei prunci răsăriți îi răpesc să-i învețe
Din cartea naturii-ntâmplări și povețe
Găsesc negreșit când la sfaturi, bunicii

Îi cheamă când obștea se află robită.
De secetă aspră sau grele potopuri.
Sau rău obicei întâlnesc pe alocuri,
Ori pacea-i pe cale să fie știrbită.
Femeile fug ori stupesc într-o parte,
Codane în șoaptă alungă deochiul,
Doar țânci năzdrăvani, peste gard trag cu ochiul,
De-i rost de fereală, se-avântă departe.

Li-i frică de spusa că-njugă balauri
Cu hamuri de fag și cu bice de fulger,
Iar țundra ascunde Vântoase și sânger
Răsare-n ogoare, nicicum pe coclauri.
Închină-se lumea văzând pe străinii
Școliți sub un munte pe Calea spre Sfinxul
Pus prag Întreitului Stâlp din cuprinsul
Bucegilor, poartă pe Calea Luminii!

08 oct 2017

Notă: Li se spunea în mai multe feluri, printre care: Zgriminţeşi, Clirici, Gheţari, Griminţeşi, Grindinari, Hultani, Moroi de Ploaie, Oameni Meşteri, Oamenii Nopţii, Pietrari, Simioni, Solemonari, Solomari, Solomânari, Solomoni, Strigoi de Ploaie, Şercani, Şoimani, Şolomari, Şolomonari, Şolomeţi, Şolomânari, Izgonitori de nori, Vârcolaci care trag Apele, Zgrăbunţaşi.

STRĂBUNE BUNE ŞI NEBUNE

Printre fragi şi câmp de flori,
Peste glasuri de izvoare,
Şi dulci vise de fecioare,
Mugete de căpriori.
Spaime, lacrimi reci, fiori,
Scânteieri, cioburi de lună,
Întunericul cunună,
Vrăji zvârlite peste zori ...

Peste glasul blând de maică,
Ispitire de drăgaică,
Ţârşă aprigă-n poiană,
Descântec de sânziană
Şi păduri pline de rele,
Duhul morţii prins în iele,
Joc pe ruguri nevăzute
Cu rusalii tăcute...

Prin păduri şi câmp cu flori
Vrăji zvârlite peste zori ...

19 ian 2018

Drăgaica este o divinitate protectoare a lanurilor inspicate de grâu şi a femeilor măritate, sinonimă cu Sânziana, Dârdaica, Împărăteasa, Stăpâna Surorilor, Regina Holdelor, Mireasa

Sânzienele, „nimfele strămoşilor noştri" Sânzienele sunt zeiţe fecioare care apar noaptea în cete, de obicei în număr fără soţ. Ele ar fi zâne sfinte sau fecioare frumoase răpite de smei și ținute în palate ferecate, ascunse prin păduri neumblate de picior de om. „În noaptea de Sânziene (23-24 iunie), în timp ce umblă pe Pământ sau plutesc prin aer, cântă și dansează, împart rod holdelor și femeilor căsătorite, înmulțesc păsările și animalele, stropesc cu leac și miros florile, tămăduiesc bolile și suferințele oamenilor, apără semănăturile de grindină și vijelii"

Ielele, duhurile rele ale românilor, sunt reprezentări mitice feminine care apar noaptea, înainte de cântatul cocoșilor, în perioada cuprinsă între Paște și Rusalii. Sunt spirite rebele ale morților care, după ce au părăsit mormintele la Șoimari și au petrecut Paștele cu cei vii, refuză să se mai întoarcă în lăcașele lor subpământene. Și ielele apar în cete, la fel ca sânzienele. „Locuința lor s-ar afla prin codrii neumblați și neatinși de topor și de picior de om, prin văzduh, pe câmpii, pe ostroave pustii, pe ape mari. Ele pot fi văzute pe timp de noapte, plutind și fâlfâind prin aer, pe la fântâni, prin pomi, pe sub streșinile caselor. Umblă însoțite de lăutari (fluierași, cimpoieri), sună din clopoței, bat din tobe și trâmbițe, joacă (hora, brâul etc.), întind mese pe iarbă verde, beau, petrec"

Rusaliile, potrivit mitologiei populare, dacă se întâmplă să fie văzute sau auzite de cineva, acela nu trebuie să se miște sau să le vorbească. „Pe unde joacă, pământul rămâne ars și bătătorit, iarba înnegrește sau încetează să mai crească. Rusaliile pedepsesc oamenii făcători de rele, pe cei care nu le respectă zilele, care dorm noaptea pe sub pomi sau care ies noaptea la fântână să aducă apă, prin ridicarea acestora pe sus, în vârtejuri, prin pocire și sluțite"

ȘTIMA APELOR

Se-nfiripă susur, şarpe viu ce curge
Să deie ţaranii rodire şi viaţă,-n
Meandrele-i se frânge, sub geruri îngheaţă,
Oglindă cerească-i în nopţile murge.
Vuind sau tăcută, strivită-ntre maluri
Hrănită de nori, poartă-n undele-i sorţii
Ades de belşug, sau capcană a morţii,
Prisosul îl strânge şi-l ţese în plauri.

Adâncul ascunde, din el întrupată,
Pedeapsă-mpletită în trup de femeie,
Făptură? Vedenie? Dorita fee
Pe ape-i stăpână, în ele înoată.
E tânără veşnic iar nurii-s ispită,
Năucii acceptă perfida-i chemare,
Ajunşi sub arini, cu prea dulce strânsoare,
Le curmă suflarea, năluca dorită.

Răspunde chemării de Ştimă, ca nume,
Cândva născocit şi pus ei de strămoşii
Prin toate trecuţi sau -mai ştii?- de fricoşii
Scăpaţi de potop şi-au înscris-o-n cutume.
Şi încrâncenată, când ea porunceşte
Ca matca să-şi umfle, câmpii potopite-s,
Averi fărâmate şi-n zări risipite,
Pe bieţi muritori vidma îi asupreşte.

Oare cât adevăr legenda ascunde?
Îl ştiu cei aflaţi în adânc, în palate,

De Ştimă năimiţi cu cântări fermecate
În iaduri în care doar moartea pătrunde.
Ce-o face să-şi poarte voinţa-ndoită?
De ce potopeşte şi-n urmă revine?
Ce-o mână să nască ori răul, ori bine
Pe zâna în iezer sau râu găzduită?

Curg ape şi clipe, apoi, în litanii
Vor fi pomeniţi sus pe mal printr-o cruce,
Cei dornici de nuri şi aminte ne-aduce
Că Ştima şi trupul, şi suflet ia danii.

08 nov 2017

FARAOANCELE

Motto:
Fie Marea cât de mare,
Cât de mare-i ţărmuri n-are.
Doar Insula Şerpilor
Casă Faraoancelor.

Este fără apă,-n larg încremenită,
Poartă înspre iaduri şi abis descreşte
Ocrotit de valuri, Sorbul o păzeşte
Groaznica legendă e abia şoptită.
Neguri şi balauri noaptea îşi coboară,
Lotcile pierd calea vrând să ocolească
Vidros, casa morţii, lume nelumească
Pe oricine trece, teama-l împresoară.

De lume ferită, stearpa-nnisipare
Templu nou ridică pentru zeul mării.
Legământ de taină dau răspuns chemării
Zece regi războinici veniţi la-nchinare.
Ei altare albe împrejur ridică
Bradul Zânei rele cu ele-mpresoară
Sub cetina neagră, cei sortiţi să moară
Îşi vor pune ortul şi apoi abdică.

Iar sub vălurirea lină sau nebună
Stau de strajă veşnic, Faraoance treze,
Jumătate-s peşte, cu trup de viteze,
Se ascund privirii, ies doar când e lună
Ori pe ţărmuri goale, cântece vrăjite

Toarnă în urechea celor ce se-ndură
Să le urmărească, mintea-ndat' le fură
Cântă şi dansează, revărsând ispite.

Nebunia-n oameni, nurii lor dezleagă
Cu fierbinţi dorinţe îi atrag în mare,
Zăpăciţi urmează falsa întrupare,
Hrană-i în adâncuri dăruirea bleagă.

20 ian 2018

SÂNNICOARĂ

Zicere:
La Masa Împărătească
Stă la de-a dreapta Domnului
Cel ales să se grijească
De cărarea soarelui...

Plin de răutate e demult Pământul
Crime şi războaie, fapte nestrunite,
Lăcomie, ură, vise ne-mplinite
Şi furtună aspră a născut cuvântul.
Iar sătul de toate, soarele încearcă
Să îşi schimbe calea şi să nu mai vadă
Strâmbătatea strânsă. Gheaţă şi zăpadă
Să o urgisească pe bătrâna arcă.

Dintre sfinţii lumii, Dumnezeu alege
Şi pe bun Sân Toader, şi pe Sânnicoară
Străji pe boltă-i pune, soarele-mpresoară,
Drumul să-l urmeze cum e scris în lege.
Astfel, Sfântul Toader, Miazăzi păzeşte
Soarele să-şi ţină calea pe vecie
Cum de la-nceputuri i-a fost dat să fie
Şi lui Sân Nicoară, ce se canoneşte

Sus, la Miazănoapte pentru a-l abate
De la rătăcire pe Măritul Soare,
Ce de-atâtea rele ar vrea să coboare
În abisuri aspre şi să lase-n spate
Lumea-n întuneric blestemându-şi vina

Că se-ndestulează mult prea des din rele.
Dumnezeu i-absolvă de păcate grele
Şi, semn de de iertare, le-a păstrat lumina.

Ce folos de toate? Încă ne apasă
Tarele vechimii. Semne de-ndreptare
Nu-s, deşi pe boltă, mai avem un soare
Ce-şi urmează calea zi de zi şi lasă-n
Urma lui căldura, zarea o-nfioară,
Ba sorbind din rouă, cochetând cu norii
Şi le dă bineţe când se varsă zorii
Şi Sfântului Toader, şi lui SânNicoară.

05 ian 2018

Teama copilului trac

Ştii cât poate ţine teama pentru traci?
Un fel de moft atunci când eşti copilul
Şi par că-n juru-ţi toate se destramă,
Priveşti spre grindă, nopţile, cu teamă,
Strângi ochii zdravăn, tremurul debilul,
Te afundă-n cerga grea sub care zaci.

Apoi adoarme, poate chiar visează
Urcatul în copaci îi dă tărie,
Bravura simplă izgonind prigoană,
Săritul de pe steiuri în bulboană,
Ori tras cu arcul, semn de voinicie,
Tânăr vlăstar deplin te întremează!

Teama la traci? Infamă erezie!
Ea ţine cât un ciot de poezie!

06 mar 2017

Eroii neștiuți

Mereu în calea vremii, i-am dat prinos toți morții,
Nu doar obolul simplu al traiului curat,
Ci mai ales pe-aceia ce-au stat în pragul porții,
Să fie pace-n țară și bogăție-n sat.
Cu paloșul ei scris-au pe-o stelă demnitatea,
Pe fiecare-n parte i-au privegheat părinți,
Împovărându-și lutul străbun cu libertatea
I-au plâns copiii, frații, dar demn, strângând din dinți.
În urma lor, pe câmpuri, țes umbre reci stejarii,
Păzindu-le odihna, și-ndemn la recules,
I-au pus sau nu în scripte la vremea lor pârgarii,
Oricum, eroi se cheamă și-s dintr-un neam ales.
Când îți privești pământul, copile, ia aminte,
Oriunde crește grâul, au fost întâi morminte!

20 ian 2008

CÂND PLÂNG BĂRBAȚII

Am plâns șiroaie de sudoare
Cu lacrime ce s-au desprins,
Ca rouă și-au udat ogoare,
În lupte când ni s-au prelins.

Și am mai plâns în nopți și-n cuget,
Când pe strămoși îi secerau
Au nu văzut-ați ? Până-n suflet
De ură, ochii strânși ardeau!

Am plâns când s-a tăiat străbunul
În creste de Carpați, trădat.
Sau când s-a dărâmat gorunul
Sub care Horea-i îngropat.

Și am mai plâns când țarini large
Din țară-au luat și le-au robit.
A fost nevoie de baltage
Să reprimim ce ne-au răpit.

Poate nu plângem la morminte,
Sau lacrimi nu vărsăm ușor,
Noi hohotim doar în cuvinte
Când cei ce-s dragi se pierd, ori mor.

Am plâns tăcut în foc și geruri,
Pe câmp de luptă, la oștiri.
Așa crestatu-s-au în riduri,
Pe chipuri, hărți de amintiri.

De n-am mai plâns, e că izvorul
Din care lacrimile-şi luau
Secase. Şi atunci când dorul
Şi umbra celor duşi, piereau.

07.02.2018

Alutus

Lui nu i-am spus: mă alungase timpul
Furându-mi nedorita despărţire,
Dar l-am păstrat ca sacră tăinuire
A ţării Tula, râu lângă Olimpul
De creator zidit, un stei pe zare
Şi-o palmă de pământ de El sfinţită,
O Atlantidă-n veci împărăţită
Prin veşnicia apei curgătoare.

Mă-ntorc din când în când să mă inunde
Cu basm ştiut doar de loc sfânt şi astru,
Pe maluri străjuite de jugastru,
Să-i tălmăcesc tăcerile din unde.
- Pe locul tău, şedea pe vremi, Troianul!
Eroul Atlas, uriaşul care
A sprijinit Pământul pe spinare.
Iar la doi paşi, spre munte, stă divanul

Minervei, loc prea mândru de odihnă,
Zeiţa niciodată temătoare.
Mergea-n Munţii Perşani la vânătoare,
Iar seara-şi dobândea clipa de tihnă.
Sus peste deal e Şona. Guruieţii-s
Case de veci frumoaselor lui fete,
Deplânse-n primăveri de violete,
Prin lacrimi reci din roua dimineţii.

Târziu, câmpia unduia cu macii
Pătând cu sângeria floare grâul

Ce-a străjuit, peste milenii, râul
De apă vie, leagăn pentru dacii
Învederaţi stăpâni peste grădina
Întinsă împrejur sub Axa Lumii,
Stăpâni pe ei şi rodnicia humii,
Iar ţie, drepţi strămoşi şi rădăcina!

27 mar 2017

Panaghia și mirele Soare

Legenda aceasta nu-i doar despre-o stâncă
Ori piatră golașă uitată-n poiană.
Poveste străveche, deloc uraniană,
Un basm împletit peste-o taină adâncă.
Ne naștem oriunde, oricând, fiecare,
O mamă, un tată, doar soarta diferă
Aflăm la botez ceea ce ne oferă
Destinul, prin glasul a trei ursitoare.

Acum să purcedem. Afla-vom destinul
Copilei născute sub vârfuri de munte?
Ce daruri primește și ce va să-nfrunte
Un prunc ce la naștere-mbracă seninul?
Adânc întuneric din nopți fără lună,
Altoi din adâncul oceanului rece,
Lumină și foc din cometa ce trece
Blândețe de înger în ochii-i se-adună.

Din crini a primit frăgezime, albeață,
Din caier de neguri și umbre-i cosița,
Rubin din bujori, pe obraji, copilița
Pe buze, din flori are strânsă dulceață.
I-a dat Cel de Sus o fărâmă de suflet,
Albinele-i dăruie faguri și miere,
Respiră din vulturi și zboruri tăcere,
Îi iarba cu rouă-i covor pentru umblet.

Uimit de frumos, în amiezi zăbovește
Alaiul de raze al mândrului soare

De cer ţintuit şi cuprins de fervoare
Îşi uită menirea când fata priveşte.
În urmă, aproape infirmă, pierdută
Se tânguie noaptea spre el, Creatorul,
Sfârşită sunt, Doamne, şi-ţi cer ajutorul!
Opreşte-mi năpasta din noua născută!

O cergă de neguri şi volburi l-ascunde
Iar ochii Panaghiei plini sunt de lacrimi
Amare iar inima, arsă de patimi,
Cerşeşte iubire. Dar el nu-i răspunde!
Cutreieră harnic pe boltă, mereu.
Şi-ascunde iubirea, nu ştie ce-i tihna
Dă roadelor seve iar noaptea, odihna,
Aşa cum demult l-a sortit Dumnezeu.

Îi curmă copilei grea jalea. I-ajungă!
Dă vântului, Tatăl, obrajii să-i zvânte
Făptura i-o trece în steiul din munte,
Şi norii şi volburi îndată alungă.
O mângâie raze, mirosuri de floare,
Legenda-i sfârşită dar nimeni nu ştie
Panaghia-i stâncă, dar inima-i vie,
Miresei pierdute de mirele Soare.

23 apr 2017

Cobal și Dochia

E sprijinită bolta de asprele tării,
Un atlas de credință și-un curcubeu de rugi
Pe steiuri ce așteaptă-ndrăznind să le subjugi,
Să te întorci în tine prin aspre sihăstrii.
Și-au pus șerpar de gheață și din omături, glugi
Cămășile-s țesute din norii alburii
Sus, vulturii valsează-n celeste eforii,
Jos, urșii află hrana, în murele din rugi.

Rar, veștile coboară cu razele-n apus,
Ascunse-n palmă vorbe, cu glasul doar șoptit
Purtate de păstorii din muntele sfințit
Ceahlău, Cobal și Dochia și basmul lor nespus.
Demult, hotarul țării, fusese pângărit
De oștile dușmane, conduse de Traian,
Și pofta lui ajunse aici unde, mai an,
Ne-nchipuit copilă, în munte-a răsărit.

Cosiță de tăciune și ochi mărgăritar,
Obrajii albi ca spuma ori dalbii ghiocei,
Gingașă dar și aspră ca flori de colț pe stei,
Se închina luminii și cer avea altar.
Dar, firea pământească un dor i-anchipuit,
Un dac, un brad flăcăul, puternic dar sfios
A dăltuit sfințire pe chipu-i arătos
Și dragoste supusă pe veci i-a juruit.

Aflând de grozăvia dorinței de-mpărat,
Purcede să-l răpună de noapte ocrotit,

A ocolit străjerii, dar tot n-a fost ferit
Legat, oşteanul tânăr, e rob al Romei dat.
Traian, cere copilei să se supună-ndat'
Ea fuge, se ascunde sub steiuri, sub azur,
Nepângărită cere, cu norii împrejur,
Să-i fie trupu-n stâncă îndată preschimbat.

I-a împlinit dorinţa Zamolxis. Pe Ceahlău
Măreţă nălucire priveşte spre senin,
Doar umbre-aduc aminte de părul ebenin,
Al Dochiei, frumoasa scăpată de birău.
Povestea nu-i sfârşită. Cobal, abia scăpat,
Aleargă spre casă, la poalele de munte,
Destinul îşi află, cu aripile frânte
Se prăvăleşte-n hăuri, paj Dochiei s-a dat.

26 apr 2017

Legenda Muntelui Omu

Atâta bogăţie a devenit povară
Acestui neam destoinic, demult, la începuturi,
O apărau cu falxuri, baltage şi pe scuturi
Îşi alungau duşmanii ori poftitori de ţară.
Cum altfel poţi să afli de vifore zălude,
Nu când sunt rânduite de vremea rea din iarnă,
Ori când târziu liote hapsâne-n care-ntoarnă
Averile clădite cu infinite trude?

Să-şi apere hotarul le-a dat Moş Timp povaţă,
De negura-i aproape, să îi aştepte-n munte
Pe lotri şi nepretini, acolo să-i înfrunte
Şi stei să prăvălească, să-nvingă îi învaţă.
În vremi de pace-n lume, şi grijile departe,
Au pus străjer în piscuri, cu ageră privire,
Iar de va fi să afle, spre zare, năvălire,
Din bucium, spre-mprejururi, rea vestea să o poarte.

Dar cine e oşteanul ce aspra învoială
A fost să o primească, pământul să vegheze
Şi în oricare clipă, privirile lui treze
Să biruie şi ceaţa, şi zid de fulguială?
Un băietan ce-n vreme nu şi-a ştiut părinţii
Crescut în locuri aspre şi fiu singurătăţii
Dar învăţat cu truda şi pavăza dreptăţii,
S-a dăruit pe sine să stea de pază ginţii.

De-l potopea urâtul, grăia şoptit cu cerul,
Râdea cu vântul, ploaia ori roua-i erau leacul

Cleştarelor privirii mereu tăioase, veacul
Punea pe el pecete, precum rugina, fierul,
Îl năruie cu timpul. A prins să se-ngrijeze
Îi va slăbi privirea? Îl macină-îndoiala
Că va putea să ducă la capăt rânduiala.
Cât poate slujba dată, în timp să mai dureze?

Îl tulbură-ntrebarea, şi frământarea-i cheamă
Sfânt Duhul lui Zamolxe cu sfat să se pogoare.
- Ai obosit şi anii au prins să te doboare?
- Mă trec şi eu cu timpul, răspunde fără teamă.
Aş vrea sa fiu iar tânăr, cu ageră privire,
De vremuri de restrişte să pot să-mi apăr neamul!
Să fiu precum stejarul, ce-şi întăreşte ramul,
Când vântu-l asupreşte, răspunsu-i neclintire.

- Îţi preţuim cu toţii, oştene, hărnicia!
Întinerirea-mi este şi Mie, peste poate.
Răspunsul meu e-acesta: Veghea-vei peste toate
Ca dar celest, de astăzi, primeşte-ţi veşnicia!
S-a pogorât tăcerea. O lacrimă spre barbă
Coboară, semn de soare, odată cu-mpietrirea.
Azi se numeşte Omu, şi-aceeaşi i-e menirea
Năvala din fruntarii, privirea lui să soarbă.

Din când în când, din steiuri, prelung, peste Bucegii
Rămaşi de strajă ţării, senin sau nori se-adună.
De-i cumpănă în ţară, grav buciumul răsună,
Poruncă să se strângă oştirea, da-vor regii.

16 mai 2017

Frumoasa

Au munţii povestea ascunsă sub steiuri,
Sau scrisă-n hrisoave demult, la-nceputuri,
O deapănă barzi lângă apa din ciuturi
Drumeţilor strânşi lângă ghizd cu temeiuri.
Toţi poartă un nume legat de-o-ntâmplare
Ori poate din viaţa cuiva împrumută,
Aievea-ntâmplată, o faptă trecută,
Destinele-alese sunt de ursitoare.

Uitată-i nedeia de la Sântilie
Ţinută pe vremuri în Munţii Cindrel
Lin zorii se-amestecă în râurel
Ciobani şi crăiese alese să vie
Din Lotru, Parâng şi câţiva din Şurianu
Să cânte, să joace, aleşi să-şi găsească
La o haţegană sau o jienească,
Cu nuntă de fală să-ntâmpine anu'.

Născută în Şugag porneşte din Oaşa,
Codana. Se strâng ciobănaşii ciorchine
S-o strângă cu foc şi cumva să-i aline
Nesaţul de joc. Povestim de frumoasa
Ce nume a dat unui munte în vreme
Cu trista-i legendă prin veacuri păstrată
Să depene bardul iar „A fost odată..."
Cuvinte desprinse din tainice gheme!

Cindrel este baciului Cindrea fecior,
Lui doar Măriuca îi dragă, nu crede
Privirii aprinse-a Frumoasei când vede
Şi pleacă, iubita-şi purtând spre izvor.

Se lasă-ntunericul, fata e tristă
Pe piatră-n pădure rămâne să stea
Ciobanul Cindrel n-are ochi pentru ea,
Suspină şi lacrimi adună-n batistă.

Apoi a doinit, auzit-au Măiastre
Sau Bunele Domnului cântul şoptit
Vrăjite, în cerc de lumini s-au oprit,
În păr, din cununi presărate cu astre,
Îi cern mângâiere, i-alintă obrazul
O cheamă cu ele să umble prin lume
Desculţă, cosiţa-mpletită anume
Şi vrăji să înveţe, să-şi stingă necazul.

Se-nduplecă, fata în hora smintită
Se prinde, cu toate purced spre tărie
Le roagă: Cindrel şi Maria lui fie
Aduşi sus pe bolta cu stele ţintită.
Măiastrele-ascultă purced să-i doboare,
Frâng hora pornită,-nveliţi în lumină
Se trec în etern, iar prin mila divină
Ea-i, Iezerul Mic şi el, Iezerul Mare.

O culme de-alături, aminte de el
Mereu ne aduce, în apa din tăul
Aflat lângă poale ascuns e tot răul
Iar muntele are un nume: Cindrel.
Trecută-i Frumoasa în lumea tăcerii.
Ales-au străbunii un munte să-i poarte
Infamul ei nume, târzia ei moarte
Dă padinei nume, Poiana Muierii.

Sfârşită-i legenda mult după chindie.
Lin zorii se-amestecă în râurel
Ţinută pe vremuri în Munţii Cindrel
Uitată-i nedeia de la Sântilie.

30 aug 2017

SIRETUL ȘI BISTRIȚA

S-a înridat pământul cu lacrimă de mire,
Cândva, când ciocârlia nu-nveselea seninul,
Dar încă zmei și parce își răspândeau veninul
Și otrăveau vremelnic lăstarii de iubire
Siret era flăcăul iar Bistrița, o zână,
Frumoasă peste poate, fee nemuritoare.
Prin codrul des, spre steiuri, pornit la vânătoare,
S-a-ndrăgostit voivodul și drag spre ea îl mână.

Ar vrea să-i fie soață și ea ar vrea să-i fie
Nevastă credincioasă și mamă pentru pruncii
Doriți, însă prin asta, s-ar fi opus poruncii
De-a nemuri ca zână fiindu-i lui, soție.
Ba încă și Inăul, sub chipu-i de balaur,
Trimite spiridușii spre ea, s-o amăgească,
Să cearnă îndoiala pe dragostea lumească,
Și de-l vrea soț, el, zmeul, ar îmbrăca-o-n aur.

Atât a fost să fie, Siret oaste adună,
Voinicii din Moldova, în țarină prăvale-a
Nemernicilor gloată ce le stătea în cale
Cu buzdugan și paloș în frunte îi detună.
Au risipit pe lotri și s-au pornit la nuntă
Prea buna zână, Rodna, a Bistriței mămucă
Le cere să-ngenunche, ei, mâinile-și apucă,
Îi binecuvântează și-o lacrimă își zvântă.

Și s-a pornit alaiul, ospăț, și joc, lăute
Se-amestecau prin toate cu sunet de chimvale.
Venit de nu știu unde, el, zmeul, se prăvale
Și peste mândra nuntă, crud viscolul asmute.

Prăpăd de fulgi şi gheaţă peste nuntaşi aşază
Castelu-i plin de spaimă şi vânturi care urlă
A-ncremenit şi spija în clopotul din turlă,
De-acum doar spaima-n urmă şi peste toţi veghează.

Zadarnică trezie, mireasa-i dispărută,
Făcliile zac stinse, balaurul, departe
Dă hohot de-ndârjire, el prada vrea să-şi poarte-n
Adâncuri, sub Pietrosul, în temniţă, tăcută.
Iar se porneşte oastea şi-nvinge, însă răul
În bine nu se schimbă. E Bistriţa pierită
Pe veşnicie-n hăul sub care-a fost zidită
De cel sfârşit de Siret, dat morţii rob, Inăul.

A colindat s-o afle şi soarta să-mbuneze
Ani mulţi prin munţi, ori iaduri de-ar nimeri să fie
Nimic nu-i dă de veste c-ar mai putea fi vie
Şi-oricât de mult o cată, nu poate s-o salveze.
Neîmpăcat de toate, cerşeşte milă sorţii,
Să-i ocrotească ţara, ferită de primejdii
Şi împlinit în toate s-a închinat nădejdii
Că-şi va afla nevasta chiar pe tărâmul morţii.

Iar zânele, miloase, l-au preschimbat în apă
Curgând peste pământul din care se-nălţase
Se-ndestulau dintr-însul câmpiile mănoase.
Iar Bistriţa, în vreme, din cetluire scapă.
Ea-ntreabă duhul maicei despre iubitul mire
Să-l cate printre neguri, să-l afle orişiunde
Când a ştiut că dragul ei soţ e prins în unde
Cărare-a rupt prin munte spre noua ei nuntire.

Împreunaţi de-a pururi ei poartă-n lume veste
Când dragostea te leagă, nimic nu-i stă în cale!
Pierduţi sunt zmeii'n vreme, ei, mirii curg la vale,
Azi, ciocârlia, trilul îşi ţese în poveste.

26 iul 2017

BRADUL

Fărâmată aripa, sângerată lacrima!
O alungă rând pe rând, fag, mesteacăn şi stejar.
- Până-n primăvară cuib, ocrotită de amar
Să m-adăpostesc de frig! Prinse trist a îngăima.
Crunt de vânător lovită, pasărea cerşeşte
Doar un cuib în miez de toamnă, milă şi-ndurare,
Ori o scorbură să-i fie loc de întremare,
Ocrotită de urgia frigului ce creşte.

- Eu va fi să port de grijă ramurilor goale,
Să jelesc rugina frunzei! Îi răspunde fagul.
- Ghindă vrei pe veresie! Nu cerşi în pragul
Iernii! A răspuns stejarul, plângerii domoale.
Peste-atâta-ncrâncenare, cu atâţi nepretini,
A chemat cu voce blândă, bradul din colină
- Vino, pasăre rănită, vino şi te-alină,
Loc de tihnă să îţi fie, casa mea de cetini!

Vântul vede şi aude toată întâmplarea,
S-a dus unde stăpâneşte, Crivăţ Împăratul,
Ce-a văzut îi povesteşte şi îi cere sfatul
- Spune-mi, care ţi-e sentinţa, până-mi trag suflerea!
- Numai bradul aibă haina, verde argintie,
Peste orice anotimpuri, fie cald ori geruri,
Asta-i rânduit de-acuma, mai presus de ceruri!
Ceilalţi goi să treacă iarna! Spune-le, să ştie!

- Bradul fi-va, pururea, semnul pentru naşteri!
Pe pruncuţi să-i însoţească, până hăt, departe,

Să petreacă împreună drumul pân' la moarte,
În frăţie, doi ca unul, nu ca fraţii maşteri!
Peste vreme, cea aleasă,-mpodobit de mire,
Brad împodobit să aibă, semn de viaţă lungă,
Trai bogat şi rodnicie iute să-i ajungă,
Bucuria să-nsoţească semnul de nuntire.

- Timpul curgă în cascade răsădind virtute,
Bradul fie axa lumii între cer şi oameni,
Aspru păstrător de lege pentru răi şi fameni,
Semn celest de viaţă demnă pân' la senectute.
Iar apoi, când ceasul uită să-nsoţească omul,
Nu e vreme de tristeţe, ci de nouă nuntă
Sufletul se logodeşte cu natura sfântă,
Şi în drum spre universuri, treacă-se în pomul

Răsădit în ziua-n care a văzut lumina,
Martor bun la cununie, păzitor şi frate
Chip statornic, veşnic verde, lumii să arate,
Casa pe pământ să-i fie, raiului, grădina!
Iar în crucea iernii aspre, crengile cu stele
Şi cu pulberi de zăpadă să se-mpodobească!
Iar zvelteţea lui în oameni, fi-va să rodească
Nedreptatea şi obida, treacă-se-n surcele!

Pe trunchiuri viguroase se sprijină doar norii
Pe steiuri, traiuri aspre, pe cetini, nerugină
Solomonarii află, din bobul de răşină,
Geneze şi-nceputuri, schimbate în istorii.

17 aug 2017

Detunata

În urmă mult ne poartă pașii
Când în Ardeal zâne se-alină
Și-n prea frumoasa lor grădină
S-au aciuat și uriașii,
Destoinici pădurari. Chiar urșii,
Purtați prin codri după mure,
Nu se-nvățaseră să-ndure
Încăierările cu dânșii.

Dar cu oricine, încleștare,
Apoi nedreaptă asuprire
Țintea spre biata omenire
A urieșilor purtare
Ei, mai ales, ura bolnavă
O poartă zânelor s-alunge
Tăcerea locului ce plânge
Pacea schimbată în otravă.

Curând se schimbă viitorul
Când căpeteniei, chiar fiul
S-a răzlețit călcând pustiul
Cum rânduise Creatorul.
Era voinic și fără teamă,
Cu părul negru, ochi albaștri,
Pe creastă-ntre molizi sihaștri
Voce nepământeană-l cheamă.

Era o zână ce doinește
De flori peste poiene ninse

Şi altele-n cosiţă prinse,
Cu frumuseţea îl vrăjeşte.
Îl face rob pe veşnicie,
O cată orb în fiecare
Zi fără ea, apoi cărare
Îşi află. Ce va fi să fie?

Tătânele aflând de asta
Năvalnic se prăvale-n locul
Ascuns în munţi. Celor doi, focul
Iubirii le-a adus napasta.
Bătrânul uriaş îi curmă
Cu paloşul, zânei, suflarea
Feciorul lui, văzând urmarea
Scoate pumnalul şi îi scurmă

Pieptul părintelui, crestează
Adâncă rană, sub plăsele
Curg pe pământ păcate grele,
Pădurea o însângerează.
La dubla moarte, de durere
Feciorul urlă lung. Tăria
Răspunde întărind mânia
Cu detunări, apoi, tăcere

Doar o clipită şi ţâşneşte
De sub pământ un foc năpraznic
Pe crudul tată-l face paznic
Al locului, cum povesteşte
De atunci lumea,-n stâncă rece
Iar uriaşul se preface
În Detunata ce nu tace,
Legenda înspre noi petrece.

21 ian 2018

MACUL, LACRIMA IERTĂRII

Clepsidra îşi curge nisipul, în urmă,
Nou rid desenează custura în glie
Îl şterge doar bocetul de ciocârlie,
Ori alb din troianul ce viscolul scurmă.
E altfel legenda de-acum decât alte
E despre o mamă cu prunc, de durere...
Şi de sărăcia dusă-n tăcere,
Asemeni, de suflet vorbi-vom, încalte.

O margine de sat, fierbinte vară,
Poiata goală, umbra de la teiul
Răpus de praf a învelit bordeiul
Unde o mamă plânge şi ocară
'Şi-ascunde-n gând, a câta zi cu poame
Va mai hrăni copilul 'nalt cât masa,
Ofta mereu şi îşi certa buboasa
Lor soartă să îi mântuie de foame.

Ia lutul în genunchi şi-nalţă rugă
Celui de sus, icoana e tot mută.
Nu va cerşi, nici n-o mai împrumută
Nici un creştin, pe ea, o biata slugă.
S-a frământat şi-a hotărât, ştergarul
Rămas de la părinţi, brodat cu spice,
Pentru mâncare să îl dea, îşi zice,
Poate aşa va îmbuna amarul.

Odorului îl pune în desagă
În sat vecin la neamuri îl trimite

Un boț de brânză și vreo două pite
Să-i dea pentru ștergar, femeia-i roagă.
Purcede pruncul, soarele-și aruncă
Mai blând căldura peste călătorul
Ce prima oară calcă sub piciorul
Desculț cărarea ce-a primit poruncă.

Câmpie, codru des, în faptul serii
Ajunge unde-a vrut. Mama-ngrijată
În urma lui, pe vatră aplecată
Începe-a toarce caierul vegherii.
Adie zorii, iată prânzișorul
Ea, tot deșteaptă, zarea o scrutează
Nimic nu vede, e deja amiază,
O fi pățit ceva? Poate feciorul

O fi răpus de fiare în pădure?
Ori lotrii i-au schimbat cumva veleatul?
Se-nvinuie: -Eu mi-am răpus băiatul!
Netrebnic gând! Nu poate să îndure
Și calcă pe olaturi, trece-n grabă
Hotarul, lan de grâu, pădurea deasă
Când seara-ncepe umbrele să-și țeasă
Ea strigă ciocârlia și-o întreabă:

- Unde mi-i puiul, l-ai văzut pe cale?
E dus departe și nevolnic este.
Sfârșește-mi teama și îmi dă de veste
Că-i viu! Hai curmă-mi clipele de jale!
- Copilu-i teafăr, merge către casă!
V-ați petrecut când tu călcai ciulinii
Ce îți frângeau nu inima cu spinii
Ci tălpile. Îngrijorarea lasă

Și du-te-alene, poate-l vei ajunge!

Dar n-a putut sa stea, iarăşi zoreşte,
Prin lanul cu grâu copt iute păşeşte
Pe spice lasă-n drum obol de sânge.
Ajunsă în sfârşit, vede colacul
Şi brânza pe un blid, copilul râde.
Ea scuipă-n sân de-atâtea gânduri hâde.
Nu ştie că în urma ei, în lanuri, macul,

Roşia floare-i semn de bunătate
Al cerului, ce a-mpletit durerea
Unui părinte,-n spic de grâu cu vrerea
De-a ocroti un prunc, după dreptate.
Drept mulţumire, grijile-şi aruncă
Departe,-n urmă, peste gard şi mejde,
Copilul e flăcău şi au nădejde
În trai mai bun prin voia Lui şi muncă.

25 aug 2017

VÂNTUL

În primăvară naşte armonia,
Valsând prin pajişti câte-o adiere,
Arşiţei domolind monotonia
Când poartă nori să plouă mângâiere.

Apoi, din ape, fură abur dulce
Şi-l face înălţimilor umbrare,
De-aşa răcoare, pleacă să se culce,
Chiar astrul istovit de preumblare.

După răpciune, aripe dezleagă,
Purtându-le spre zări neruginite,
Zorind şi gospodarii să culeagă,
Bogatul rod al toamnei împlinite.

Frunzişuri surpă-n codru sub rafale,
Pătând mirific iarba-ngălbenită,
Din ceruri nea şi ger cumplit prăvale,
Ca viscol peste viaţa troienită.

08 oct 2007

Vânturile din România:
Crivăţul este un vânt de pe teritoriul Moldovei, Dobrogei şi partea sud-estică a Munteniei, care suflă mai ales iarna aducând zăpadă, furtuni de zăpadă (viscol) şi ger. Mai este numit şi „Vântul de miazănoapte"

Nemirul (nemerul) este un vânt local din depresiunea Brașovului ce bate dinspre Munții Nemira. Aduce din Carpații Orientali mase reci de aer din văile munților, depuse de crivăț. Nemirul bate dinspre est și intră pe Valea Oituzului spre depresiunea Brașovului.

*Austrul este un v*ânt de pe teritoriul Transilvaniei de vest. Fiind un vânt cald și uscat aduce secetă, este poreclit „Sărăcilă".

Coșava este un vânt deosebit de intens, cu caracter de foehn, care suflă în partea de sud-vest a țării, de-a lungul defileului Dunării de la Cazane și în sud-vestul Banatului.

Foehnul sau „Vântul Mare" este un vânt cald care suflă dinspre Munții Făgărașului spre Țara Oltului.

*Suhoveiurile s*unt vânturi care bat vara (foarte uscate) în Podișul Moldovei, Podișul Dobrogei și Bărăgan.

Băltărețul este un vânt cald și umed din Muntenia ce aduce ploi.

Vântul negru sau Carael (în turcă Kara-yel) - vânt din Dobrogea și sudul Munteniei (Bărăgan). Este uscat și fierbinte și aduce secetă, mai fiind numit și „Traistă goală".

Zefirul - vânt slab care suflă din apus.

Briza de mare și *Briza de uscat* sunt vânturi în zona litorală a Mării Negre.

Orădeanul suflă pe versanții vestici ai Munților Apuseni dinspre vest și nord-vest. Tot dinspre vest, în masivele Ciucaș și Bucegi, deseori își face apariția vântul denumit de localnici *Făgărașul*.

Pe versanții transilvăneni ai Carpaților Orientali suflă dinspre apus *ardeleanul*, în timp ce în părțile sudice ale acelorași munți apare vântul local *munteanul*. Și în Țara Oltului apar o serie de vânturi cu specific local, numite *sădeanul* (din vest), *mureșanul* (din nord) și *gureanul* (din sud).

Pentru locuitorii Munților Apuseni, vântul puternic dinspre vest însoțit de ploaie și grindină poartă numele de *vigădalm*, iar în timpul iernii, vântul care aduce ninsoare se numește *vojot*.

(cf. Geografilia)

Fulgii

Trei fulgi, născuţi din trei surori,
Purtaţi de vânt pe cer, sub nori,
Valsând spre noi se hârjonesc
Şi devenirea-şi povestesc:

– Eu, spune primul, sunt odor,
Născut din spumă de izvor
De răcoroasa Primăvară!
Purtat de adieri de seară,
M-am ridicat şi-am revenit
Trei anotimpuri, şi-mplinit
Ca picur-lacrimă pe cer,
Am fost schimbat în fulg, de ger!

– Dar tu? Eu sunt odor din Vară,
Când cerul, câmpul de secară
L-a dăruit, crescându-i rodul
Cu ploaia caldă, iar norodul
De păsăret din lan fugit,
Sătul de bobi m-au risipit,
Purtat pe-aripe sus pe cer,
Să fiu schimbat în fulg, de ger!

În urmă, cel mai mic se-ndeamnă:
– Eu sunt odorul mamei Toamnă!
Dar, zămislit de dimineaţă,
N-am reuşit să văd prin ceaţă
Cum vântul lacom rupe-o frunză
Şi-o zboară-n zare s-o ascunză.

Iar eu, plăpândul giuvaier,
Am fost schimbat în fulg, de ger!

Eh! Asta e! În horă prinşi,
Se hârjonesc de iarnă ninşi,
Purtaţi de vânt pe cer subt nori,
Trei fulgi născuţi din trei surori.

22 dec 2006

CĂLUCENII

Au zdrăncoţele (clopoţei) la picioare.
Vătaful e în mijloc si călucenii fac cerc în jur.
Bate cu palma în pământ şi spune tare, iar ceilalti repetă:
„Jur pe-acest pământ,
Pân' oi intra în mormânt,
Că-l voi apăra,
Că îl voi cânta,
Pe el voi juca!".

Muntele veghează hăt pân' la hotare
Vară, toamnă iarnă, cine-s păzitorii?
Gugulanii aprigi şi-au chemat ficiorii-n
Rarişte să-ntindă, iute, hora mare.
Fiecare poartă semnul lui pe frunte.
Ca în tolba vremii, un lăstar e omul
Pavăză-n ponoare, frate bun cu pomul
Spun povestea vremii, călucenii-n munte:

A horit vătaful, bate pas Gerarul,
Molcom ca zăpada cursă din tărie
Adunată-n crovuri, Noul An să fie
Cu belşug de mere, cât să umple carul.
Făurar dă tropot amintind de criţă,
Glas de zdrăncoţele curge-n dimineaţă.
Pasul risipeşte învolări de ceaţă
Turţurii-s pumnale pentru răzmeriţă.

Mărţişorul toacă în pământul reavăn
Peste iarba crudă, unde saltă mieii

Jucăuşi din pajişti printre ghioceii
Semn de primăvară, tropoteşte zdravăn.
Mai apoi se-ndeamnă şi Prier să-şi sune
Zurgălăii-n şoaptă ca smeriţi lăstarii
Viitorul vieţii, fragede armoarii
Iar vătaful bate palma de păşune.

A-nteţit Florarul ritmul, vii albine
Roi prin flori, săgeată, zbor de rândunică,
Strigătură aspră, glasul lui ridică,
Răpăitul ploii curse pe coline.
Cireşar îndeamnă lumea la iubire.
La brăcire-şi pune florile alese
Să le dea cunună noii lui mirese
Şi sărut pe fugă, semn de împlinire.

Cuptor căluceanul doar tărăgănează
Pasul lui alene-i ca o tânguire,
Grea ca o arşiţă, semn de pârguire
Soarele pe roade, razele-şi aşază.
Lui Gustar îi sună grea bătaia-n piatră
Sobră ca un tunet răzleţit în zare
Glas de paparudă invocând răcoare
Însăilându-şi ruga-n spuzele din vatră

Mai vioi, Răpciune, parcă-i adiere...
Glas care îndeamnă blând culegătorii
Să iuţească strânsu-n pas cu roata morii
Scârţâit de loitră la un car cu mere.
Brumărel, bătaia-ncepe să-şi ascută,
Vârtejiri de frunze smulse din frunzare,
Largi bătăi de aripi, păsări călătoare,
Pudra toamnei albe peste ierbi cernută...

Aspru ritm de toacă, cel Brumar întrece

Ne-mblânzită goană, viscolul, troiene
A năimit pe steiuri, cergă în poiene
Sub zăpadă, bradul, ramul să îşi plece.
Ultim căluceanul, Undrea, doisprezece,
Cu opinca bate aspru în podele
Veste de-mplinire, glas de zdrăncoţele
Leru-i Ler se-aude, Vechiul an se trece.

Vataful în mijlocul lor e singurul cu brăcirea
pusă în cruce pe piept şi zice:

„Azi e zi de sărbătoare, noi aici ne-am adunat,
Ca să-ntindem hora mare, la hotare ne-au chemat.
Hei, sună si răsună, Cimpoierii suflă-n vânt,
Noi cu totii împreună, batem iarba la pământ".

28 aug 2017

Vai, Ștefane!

Vai, Ștefane, mie! Îi țara beteagă
Rămas-au în urmă olaturi oloage
Istoria-i prinsă în terfeloage
Mândria rămasă, nici ea nu-i întreagă.

Românii așteaptă, dar nu știu un cine
Putea-va s-apuce puternica-ți spadă.
Voievozii sunt azi subiect de baladă,
Ni-i sufletul trist pentru veacul ce vine.

Din brazdă sunt oasele scoase cu plugul,
Pământul tău sfânt e cuprins de-ntuneric,
Urmașii primesc adevăr esoteric,
Din carte ciuntită. I-a dus tăvălugul

Să-și afle departe dobândă la traiul
Azi mult prea mizer într-o țară bogată.
Apune trecutul! Prezentu-i doar dată-n
Hrisovul tristeții, Tăcut-au și naiul,

Și buciumul care uitate-s. Ceahlăul
Sub cușma de nori își ascunde amarul.
Moldova-i doar umbra a ce-a fost hotarul
Și leacuri n-avem să ne vindece răul.

Un gând neștiut în adâncuri mă roade,
Nu poate restriștea s-o mântuie slova!
De-acolo, din neant, azi, așteaptă Moldova,
Arată-i urmașul dorit, Voievoade!

NOTĂ: Vă rog să citiți silabisit [Ște-fa-ne] numele Voievodului, cu accentul pus pe prima silabă, ca în vremea sa.

03 ian 2018

Frumosul Principe Cercel

În vremea în care-al pâraielor susur
Curgea dinspre munte spre Dunărea lină,
Se naşte-n palat în oraşul lui Bucur,
Fecior lui Pătraşcu din milă divină.

Se-nalţă şi creşte ca ramul cu rodul
Bogat, strâns din seva acestui pământ,
Creştin botezat şi-aplecat spre norodul,
Ce-i Domnului sprijin sub blându-i cuvânt.

Crescut lângă carte, frumos ca un brad,
Odorul mezin al măicuţei e dus,
Zălog la sultanul ce în Ţarigrad,
Pe Vodă-l constrânge să-i fie supus.

Apoi vine vreme, feciorul bărbat,
E uns în domnie-n cetatea de-acasă.
Îl ştie o lume ca mare-nvăţat,
Un domn cărturar într-o ţară mănoasă.

Nu-i rânza destulă, şi Iani-l trădează,
Cu exarh Patriarhul Nichifor trimit,
Semnat şi de Mihnea Turcitul, sub pază
La Poartă s-ajungă mesaj otrăvit.

Sultanul Murad vede zvon cum se strânge
De zisa trădare a Prinţului-Domn,
Edicule-l leagă în Turnul de sânge
Şi-l ţine în pază, în chin şi-n nesomn.

Amară urgie în ţara turcească,
Pedeapsă spre ghiaur se-ndreaptă pe dat`,
Căci Beiul Sinan a primit să-l sluţească,
Pe Domnul ilustru, frumos şi-nvăţat.

Îl duc pe măgar şi oricine îl plânge.
Creştinu-i lipsit de urechi şi de nas,
Gorgonă cu triplă cădere de sânge-n
Caftan zdrenţuros e purtat prin oraş.

Iar Mihnea Turcitul pe tron stă să vadă,
Mărunta-i victorie, râde în el,
Când capul schilod îl primeşte-ntr-o ladă,
Ca semn de-asfinţit pentru Prinţul Cercel.

16 ian 2006

Dragobete - De unde vin ?

de unde vin ?
dintr-o răscruce
de gust pelin
și altul dulce
în zborul lin
o adiere
de rozmarin
ca mângâiere
m-a rupt din flori
să te îmbete
cu reci fiori
de Dragobete
ca să rămân
la ceas de seară
lângă-al tău sân
dulce fecioară
purtat de dor
de vrajă plin
din ierbi covor
de-acolo vin!

26 febr 2007

Blestemul Dragobetelui

Blestemat sunt să mă ţes
nou veşmânt pe corp ales
vânt să-ţi fiu să te adie
pe sânii-ntăriţi sub ie
rouă-nrourată crudă
pe trupul de paparudă
apoi raze calde ninse
peste picături prelinse
să te ardă ca de focuri
cerc de braţe pe mijlocuri
să te zbaţi să simţi arsură
când te-oi săruta pe gură
să te-ascunzi ca luna-n nori
când te-oi lua de subţiori
unde iară să mă ţes
jar nestins în corp ales
cazne dulci şi reci fiori
rătăcind prin pat de flori
mierea lor să te îmbete
vrăjită de Dragobete!

24 febr 2008

LA FINAL

OANA

Legenda numelui neamului meu:

Vibrează sub boltă poveşti pământene,
Pierdute prin ceţuri şi neguri demult.
Le vom ispiti să se-ntoarcă alene,
Din veacuri trecute de aprig tumult.

Arama clădită de Marele Ştefan
În Piatra, ne spune a Oanei-fecioare
Poveste. Cum piere prin gândul viclean,
Ce-a rupt din Moldova prea gingaşă floare.

Răpită din casa părintelui-tată,
De lotri cei hâzi care-s scoşi de la legi,
E fata Spătarului Şendrea purtată,
Spre loc de cumplite fărădelegi.

În tainiţi de munte-i mânată sub şoapte,
Legată-n batjocuri nepoata de Domn,
Banditii o-ncarcă de-ocară în noapte,
În vreme ce straja şi slugile dorm.

Mândria duducăi li-e grea încercare
Şi hoţii pierduţi de credinţa curată,
Prăvale copila în hăul cel mare,
Iar Crin-armăsarul porneşte şi-o cată.

Dureri străjuiesc de atunci amintirea
Domniţei pierdute în râpa hidoasă,

Doar turnul cu-arame mai mişcă simţirea,
Când cerne în timp o istorie frumoasă.

Sub vânturi e clipă de sunet icoana,
Vibraţie tristă din clopote dusă,
Iar zarea se-ncarcă de numele Oaa — naa... ,
Fecioara de lotri şi munte răpusă.

06 ian 2006

Am adăugat şi această transpunere mult mai târzie ca o pornire firească a unui român născut şi crescut în Ardeal, apoi trăit în Dobrogea şi Ţara Românească, în toate laolaltă peste jumătate de secol, timp în care mi-am căutat rădăcinile pe care le ştiam coborând poate din Moldova şi din vremea boierului Oană — preacredincios Sfântului Ştefan cel Mare, din stirpea poate a urmaşilor lui Oană HURU — studios la Putna, fiul boierului în mare dregătorie la curtea lui Ioan Vodă Armeanul, sau din cea a lui Oană Cristescu, boier învăţat nespus, de loc din Bahlui, din ţinutul Cârligăturii, venit ca sfetnic-paharnic-prieten al lui Iancu Vodă Sasul, apropiat al Doamnei Maria şi învăţător al fiului lor Bogdănuţ.

Un prim imbold mi-a fost dat de lectura cutremurătoare despre sfârşitul prematur si nedrept al Oanei, fata Spătarului Şendrea, portarul Sucevei si nepoată a Voievodului Ştefan, cea care a pierit aruncată fiind în prăpastia în care a fost prăbuşit şi Magul Mucegai - cum spune legenda. Şi tot legenda creionată de Dumitru Almaş în romanul OANA ne spune că, în amintirea ei:

„În anul 1497, când a construit biserica dinlăuntrul Curţii Domneşti din Piatra, Ştefan-Vodă a cerut să se înalţe la poarta dinspre apus un turn-clopotniţă din piatră, turn subţire şi înalt ca un semn al neuitării, aşezat pe o temelie pătrată, ca să urce apoi în opt laturi, cu ferestre largi, să se audă glasul clopotelor cât mai departe. Şi s-a înălţat pe locul unde se bănuia că a fost răpită şi ucisă Oana, după semnele arătate de Crin, armăsarul alb ca omătul şi atât de credincios stăpânei pe care, până în clipa din urmă, din multe primejdii o scăpase. Iar din ceasul în care meşterii au urcat clopotele în acel turn, toţi prietenii au auzit — şi

aud şi astăzi — glasul lor de aramă, cântând numele fetei Spătarului Şendrea, nepoata lui Ştefan Vodă: „Oa-na!...Oa-na!...Oa-na!.."

Calul Crin se arată apoi ca o nălucă numai celor cu inimă bună, suflet curat, închipuire bogată şi mare dragoste pentru acest pământ al nostru.

În schimb, poate vedea oricine şi auzi glasul de aramă al clopotelor, cum măsoară timpul care trece, trece, trece, cercând să îngroape totul în uitare. Chiar şi ceea ce n-ar trebui să se uite niciodată din mult vânturatul trecut. Niciodată, dacă vrem să existe viitor"

Iar legenda aceasta eu am trecut-o în versurile de mai sus.

CÂND PLÂNG BĂRBAȚII

Am plâns șiroaie de sudoare
Cu lacrime ce s-au desprins,
Ca rouă și-au udat ogoare,
În lupte când ni s-au prelins.

Și am mai plâns în nopți și-n cuget,
Când pe strămoși îi secerau
Au nu văzut-ați ? Până-n suflet
De ură, ochii strânși ardeau!

Am plâns când s-a tăiat străbunul
În creste de Carpați, trădat.
Sau când s-a dărâmat gorunul
Sub care Horea-i îngropat.

Și am mai plâns când țarini large
Din țară-au luat și le-au robit.
A fost nevoie de baltage
Să reprimim ce ne-au răpit.

Poate nu plângem la morminte,
Sau lacrimi nu vărsăm ușor,
Noi hohotim doar în cuvinte
Când cei ce-s dragi se pierd, ori mor.

Am plâns tăcut în foc și geruri,
Pe câmp de luptă, la oștiri.
Așa crestatu-s-au în riduri,
Pe chipuri, hărți de amintiri.

De n-am mai plâns, e că izvorul
Din care lacrimile-şi luau
Secase. Şi atunci când dorul
Şi umbra celor duşi, piereau.

07.02.2018

SINEA PATRIEI

Suntem ai tăi cu toată deznădejdea
Fiindcă din când, în când, pe noi aceştia,
Gândul ca tu să nu mai fii ne doare
În coşul pieptului, ca o surpare!

Şi sinea patriei există!
Nu poate nici un vânt s-o fure!
Pentru că-n fiecare noapte,
În aerul înalt şi calm,
Ard douăzeci de milioane
De credincioase facle pure,
Pe somnul liniştit al celor
Care zidiră acest neam.

E vremea să ne-ntoarcem în ţărână
Noi muritorii, dar hotarul ţării,
De la Carpaţi şi până-n largul zării
Tot Geto-Daciei, fi-va să rămână!

... în ultim ceas pentru de-a pururi!

Ochii să-i deschizi, române!

Ochii să-i deschizi, române!
Zilele ți's numărate
Fură fratele pe frate
Jaf în urma ta rămâne.

Ceasul cu cadranul șters,
Buzele însângerate
Prinse-n sârmele ghimpate
Și coli albe fără vers.
Harta dacilor ciuntită
Nistru-i încă-n alt hotar
Tisa-i plină de amar
Țara-i frântă și rănită!

Ridicată'n zeci de veacuri
Peste ce-a dat Dumnezeu,
Ce-ai făcut avutul tău?
Tara azi îi fără haturi.

Ceasul cu cadranul șters,
Buzele însângerate
Prinse-n sârmele ghimpate
Și coli albe fără vers.
Harta dacilor ciuntită
Nistru-i încă-n alt hotar
Tisa-i plină de amar
Țara-i frântă și rănită!

Ei s-au stins hrănindu'ți glia

Prinos sânge, oseminte
Ai uitat şi de morminte
Cui lăsat'ai România?

Ceasul cu cadranul şters,
Buzele însângerate
Prinse-n sârmele ghimpate
Şi coli albe fără vers.
Harta dacilor ciuntită
Nistru-i încă-n alt hotar
Tisa-i plină de amar
Ţara-i frântă şi rănită !

Te întreb ultima oară,
Nenăscutule din Iaşi:
Ţara asta cui o laşi,
Cetăţene fără ţară?

12 dec 2015

TRILOGIA HISTORIARUM
(partea a III-a)

Atlaspiritus - Legendele lumii

transpuse de ovidiu oana-pârâu

De-a lungul vieţii am aspirat esenţa tuturor culturilor, le-am rafinat şi acum le restitui ca o ploaie ai cărei picuri sunt cuvintele limbii române.

PROLOG

PERPETUUM VIVERE

dă-i grâului glie în miez de brumar
butucul dă-l viei să-l umple de rod
dă frunzelor sprijin un trunchi de stejar
şi râului maluri să sprijine pod

sămânţa din lan în pământ cuibărită
se schimbă în hrană din prag de istorii
iar frunza va ţese-n cărarea umbrită
onor spre eroi după aspre victorii

cu vin aromeşte botezuri, nunţi, moarte
sau pâine, colivă şi sigur plăcinte
iar pod peste timp şti-va pururi să poarte
om bun şi om rău înapoi şi-nainte

20 nov 2007

Solii din pribegii stelare

Nu-şi pleacă piatra porţile sub vânturi!
Ce s-a zidit, rămâne-va-n vecie!
Pe lanţul om / zeu / gând / epifanie
Învăţături s-au strâns sculptate-n cânturi.

Sub ea sunt vechi porunci încătuşate,
Le ţin sub mare taină sacerdoţii,
Se trec mereu în timp către nepoţii
Din viitor spre orice azi purtate.

Nu sunt destine-n piatre! Ele-s poarta
Spre alte lumi prin vortexuri binare
Solii în timp din pribegii stelare,
Legând tărâmuri ce-şi sfidează soarta.

07 feb 2017

Furtuni trecute pe pământ

Zeus-grecul,
Jupiter-romanul,
Bel-asirul
Şi Donar-germanul.
Thor la nordici
Afni la hinduşi...
Zamolxe Tracul

Toţi stârneau furtuni când lumea
Se-abătea din calea dreaptă,
Hărăzindu-le genunea
Arătând ce îi aşteaptă.
Nori şi fulgere şi trăznet
Se-abăteau ca din senin,
Dacă zeului sub râset
Nu se aplecau în chin.
Din suflarea lor de ură,
Se sfârşeau copaci, sălaşuri.
Gloatei ca adunătură
Îi ţipau prin tunet glasuri
De supunere umilă
Şi de oarbe proorociri.
Zeii toţi fără de milă
Se-ntreceau în năluciri.

Şi-ncărcau stoguri de nouri
Ce potopuri descărcau,
Iar la urmă-n curcubeuri,
Pronia şi-o proclamau.

Iernile puneau să urle
Criveţe şi vijelii,
Ce făceau să ţipe-n turle
Clopote peste vecii.
Dar furtunile în lume,
Ca şi omul, ca şi zeul
Încetează când anume
Hotărăşte Dumnezeul.
Căci furtuna nu-i la ceruri
O pedeapsă hotărâtă.
Sau mustrare pentru oameni,
Peste lume pogorâtă.

06 dec 2005

Uitarea

În turn, pe catafalc întins,
Brocartul negru îl așteaptă
Pe rege, să se deie prins
Eternității ce-l așteaptă.

Dar nu mai vine, el s-a stins,
Ținându-și strâns în mâna dreaptă,
Pământul reavăn din cuprins
În care-a coborât o treaptă.

Atunci când pacea l-a învins,
Chemându-l cu o blândă șoaptă,
Spre chipul aspru, dar destins,
Oșteni, privirile-și îndreaptă.

Istorii peste el au nins
Uitarea hâdă, ne-nțeleaptă.
În turn, pe catafalc întins,
Brocartul negru îl așteaptă.

23 feb 2008

Regii

Un rege se stinge... dar nu, el nu moare!
Rămâne captiv între ieri şi-ntuneric.
Norodu-l sfinţeşte pe soclul homeric,
Si-l scrie-n hrisoave, nu simpla umoare.

E soarta lui scrisă în semnul său cifric,
Dar viaţa e muncă şi luptă deodată.
Cu bine sau rău, o sentinţă e dată,
Cât o candelă arde la panegiric.

Un rege va naşte ori năruie vise.
Poporul ascultă şi chiar dacă tace,
El ţarina-şi ară în vreme de pace
Sau pumnul ridică speranţei ucise.

Un rege e semn de continuitate
Dar nu doar a lui, pentru neamul ce-l are,
Sub sceptru şi truda sa are crezare
Nicicum lăcomia sau impunitate.

În orice regat şi supusul e rege,
Iar tronul e punctul ce ţara uneşte.
Conduce acela ce se-nţelepteşte
Şi fi-va-i cinstită domnia prin lege.

E tronul în vreme suprema onoare
În hrisoave înscris ca un soclu homeric.
Poporului dându-i lumini, nu-ntuneric,
Un rege se stinge... dar nu, el nu moare!

14 sep 2017

Lacrimile Aurorei Borealis

Legende, mituri, povestiri uitate
Despre Walkyrii sângerându-și pasul,
Slujindu-l pe Odin să-și afle masul
În sfânta zi Ragnarok, și dreptate.

Deasupra lor adie spectrul sorții
Îngândurând câmpiile cu ceață
Vicleanul lup și șarpele înhață
Tăcerea pribegind-o-n raiul morții.

Omagiu' li-i credința nezidită,
Viață nouă peste Nord răsare,
Fărâme vii de lună și de soare,
Lumina poate fi și auzită.

Ard ceruri aurore boreale,
Jelind eroi cu lacrimi siderale.

09 oct 2011

Odin

Abisul irumpe, legende străbune
Străbat necuprinsul. În Hiperboreea
Sub arbore sacru e apa aceea
Ce înţelepciunea-ntrupează în rune.
Ketherul Kabalei, Wotan este tată-n
Walhalla şi morţilor ei glorioase,
Veghează prin corbii cu pene lucioase
Credinţa lui Bolthor să fie păstrată.

Dar cine-i Wotan, Zeul Nordului rece?
Şi cum a ajuns să găsească lumina
În lumea pătrunsă de sfânt rădăcina
Lui Yggdrasil, pomul ce trunchiul îşi trece
Din fântâna adâncă-a zeiţei Mimir
Prin lumile nouă, spre acoperişul
Ceresc şi veghind pe vecie frunzişul
Agila sa strajă, vulturul Vidofnir?

La naşterea lui s-a pornit sarabandă:
Va fi înţelept cine soarbe din apă!
Odin îşi jertfeşte un ochi ce-l îngroapă-n
Izvorul primind cuvenita ofrandă.
Atunci şi-nţelept, Hávamál este scrisă.
În cartea prea sfântă el runele-adună,
Ce-a fost şi ce fi-va,-mpletite-mpreună,
Vikingii visează la lumea promisă.

Viteaz e acel care moartea-nţelege,
Necum cel ce josnic prin viaţă răzbeşte

Destinul oricum, celor doi se-mplineşte,
Dar numai cel drept nemurirea culege.
Să-nfrângă pe Loki visează oşteanul,
Chiar dacă-n Ragnarök sfârşi-va-se cerul
Dreptatea va fi pentru rău, temnicerul!
Aşa consfinţit-a hiperboreanul.

15 iun 2017

Sphinxul din Hatra

De ce mă las pradă acestei himere
ce-mi strânge în suflet doar dor de înalt,
când dinspre Zenit vine numai tăcere
sculptată-n Nadir într-un sfinx de bazalt ?

I-ascult necuvântul privind spre muţenii
transmise-ntr-un grai mie necunoscut
şi-ncep, pas cu pas, să descopăr sluţenii'n
cuvântul cel fără sfârşit şi-nceput.

Nu-s somn, nici trezii, doar iluzii în piatra,
ce-i simbol de veşnic, la chip albăstrie,
târziu părăsesc nemişcarea-i din Hatra,
neviei relicve pierdută-n pustie.

09 oct 2007

Dunărea

Nu-i omului numai iubirea povară!
Ea, facerea lui cu mult timp o precede,
În noua legendă un tâlc se-ntrevede
Ascultă-mi cântarea la ceasul de seară:
Selena de-o parte, la mijloc Pământul,
Numit raiul sfânt şi măreţul lor astru,
Apoi, într-o zare, iatacul salmastru...
Dar hai să vedem ce ne-aduce cuvântul.

Ea în taină-l iubea, împletite lumini
Pe veşmântul de gală tivit cu opal
Se răsfrânge argintul din chipul ei pal
Ţesând adorare în ochii senini.
Dar soarele-şi calcă orbita agale
Din carul de aur privind spre abise
Departe, departe, la margini de vise
E-o stea ce răspunde dorinţei astrale.

O cheama Danuvis şi-abia străluceşte
În haul din marginea Căii Lactee
Chipul drag i-l îmbracă în curcubeie
Cu raze de foc inima-i cucereşte.
Drept soaţă o vrea, lui Uranus o cere,
Acesta acceptă, mireasa găteşte,
Cu ura pe faţă, Selena priveşte,
Şi grabnic spre zâne se-ndreaptă-n tăcere.

Blesteme încheagă, se-ntoarce la mirii,
Robiţi de iubire, legaţi pe vecie,

Degrabă imploră miresei să vie,
Un dar să-i adauge lui împlinirii.
- Te blestem să suferi cum sufăr şi eu!
Atât i-a şoptit. Zâna rea o ascunde
În lac în Pădurea cea Neagră, sub unde
Ferită de-ale soţului raze mereu.

A plâns zile lungi după dragul ei Soare...
Înduplecă zâna cu lacrime grele.
Aceasta-i dezleagă destinul de rele.
Grăbită ea curge spre marea cea mare
În râu preschimbată, spre dragul ei astru
Cu numele Dunăre-i nouă mireasă
Iubitului ei şi cu voce duioasă
Îl cheamă ca soţ în iatacul salmastru...

27 mar 2017

Festum fatuorum

- Zaruri pe masă şi vinul în cupe!
Cu voce hârştită, Prinţul irupe.
E trist, e murdar, obosit şi-nfuriat,
De oastea duşmană-i rănit şi speriat.
- Şi-un preot mai vreau! Din sutana jegoasă,
Sfetnicu-ndată pune pe masă
Cutia de zaruri şi-o cană cu vin,
Sperând ca descântul să-i scape de chin.

Se-nchină în grabă, icoana priveşte,
Fecioara îi pare că ochii-şi fereşte.
Sleit e de rugă, duşmanii-s la porţi,
Iar curtea cetăţii e plină de morţi.
- Întoarce-le popă! Îi strigă în grabă,
Şi peste o clipă pe cleric întreabă:
- E vreo speranţă ca festum fatuorum
Puterea să-ntoarcă-n ostaşii din forum?

Că prea sunt sfârşiţi de la luptă şi foame,
Se-apleacă slăbiţi pe-ale cailor coame.
- Nu-s semne pe masă că cerul ne-ajută!
Aruncă prelatu-nspre obştea tăcută.
Iar pata din vinul vărsat pe tăblie,
Se-ntinde spre colţuri, a casă pustie!
- Atât! Ia-ţi părinte vânzarea de suflet,
Mai bine te-nchină şi roagă ca-n umblet,

Solia trimisă în ţara vecină,
S-ajungă în pace şi oastea să vină!

Aşa i-om sfârşi pe duşmanii de-afară
Şi pleacă spre turnul de veghe de seară.
Ajunge, 'ngenunche, se roagă în noapte,
Prin viscol spre ceruri trimite în şoapte,
O rugă spre Domnul să-i ia din povară,
Iar paju-l aude şi-ndat` se-nfioară,

Căci simte cum Prinţului vocea-i slăbeşte
Să-i curme rugarea nicicum nu-ndrăzneşte.
Aleargă-nlăuntru să-l caute pe sfetnic
Şi-l cheamă degrabă cu glas îndoielnic.
Pe Prinţ îl găsesc cu privirile treze
Şi mâna întinsă înspre metereze:
- Acolo! Spre zare e-un licăr ce creşte
Şi simte curajul din nou cum sporeşte,

Căci zarea-i aduce imaginea dragă,
Îi vin ajutoare, o armie întreagă.
Sub ziduri se simte mişcare năucă,
O strajă grăbeşte blestem să aducă:
- Mărite sultan, vin urgiile-n spate!
Poruncă de luptă din corturi răzbate.
Iar vestea se-ntinde-n cetate şi-afară
„O oaste de prieteni/duşmani ne-nconjoară"

Arcaşii îndată pe ziduri se-adună
Şi moartea în strune de arcuri răsună.
Când noaptea-şi ridică linţoliul în zori,
Pe câmpul de luptă-s puzderie ciori,
Ce stau pe cadavre rămase din luptă,
Cu ciocuri de ciocli din ele se-nfruptă,
Alături de câinii scăpaţi de la care
Ce rod oseminte călcate-n picioare.

Un ceas de hodină, iar Prinţul coboară

Pe podul lăsat, înspre fraţii de-afară.
Răniţii sunt luaţi şi sunt duşi în cetate
Să-i vindece felceri de răni şi de toate.
Şterg caii de spume şi-apoi îi adapă,
Iar leşuri duşmane se strâng şi se-ngroapă.
Pământul se bate, zăpada-l albeşte,
Groparii aruncă un „Doamne fereşte!"

Şi intră-n cetate zoriţi către foc,
La care, scăpaţii se strâng sub cojoc,
Cu vinul în cană şi codrul de pâine,
Deja povestesc despre ziua de mâine.
Ăst timp, în capelă, stă Prinţul tăcut,
Pe crucea cu trupul depune sărut.
El vede-n izbândă din cer izbăvire
Şi-n rugă înalţă spre El mulţumire.

În colţul capelei, căzut sub icoană,
Biet popă îşi prinde tăcut sub sutană,
Cutia cu zaruri ce nu-şi mai au rost
Şi-n gând îşi promite o lună de post.
Târziu peste veacuri de chin şi amaruri,
Găsită-ntr-un pod, o cutie de zaruri,
Ascunsă de ploi şi scăpată de foc,
Sfârşeşte banal pe o masă de joc.

22 apr 2007

Acest „festum fatuorum" (sau festum stultorum, festum hypodiaconorum) era o tradiţie păgână, preluată din Saturnaliile romane şi păstrată de clerici şi laici deopotrivă până târziu în Evul Mediu ca „Festival al nebunilor" până la interzicerea treptată de către biserică.

Dar, ca orice tradiţie înrădăcinată, persistă prin vremuri, astfel că atunci când şansele unui demers/unei întreprinderi ale vulgului sau clasei nobiliare erau la limită, se amestecau practicile religioase cu cele păgâne, în cazul nostru, cu ghicitul prin zaruri. Istoria merită aplecare asupra ei pentru că putem învăţa şi bune şi rele, dacă nu din evenimente, măcar din pilde.

Hoitarul Osiris

Ce drum alegi? M-a întrebat Osiris
Grăbit dorind de'acum să taie nodul
Timpului meu sporindu-şi astfel rodul.
- Acelaşi drum voiesc, pe care mirii's

Îngemănaţi cum bobul şi cu spicul,
Uniţi fecund sub glia ce-o să-i poarte
Înspre zenit şi dincolo de moarte,
Rodind lăstar vremelnic şi-apoi spicul.

Îmi vede hotărârea şi-şi ridică
Privirea căutând o ezitare,
El, sfârtecat, pe-a Nilului cărare,
Se mânie şi tună glas: - Explică!

- Netemător sunt veşnic! Eu părinţii
Mi-i ştiu: pământul, apa şi lumină.
Sămânţa scrisă-n mine e divină,
Mă'ncumet, deci, să nu-ţi plătesc arginţii.

Răspântia din urmă'i pas spre mâine.
Nevrednicii doar îţi vor fi tainul!
Cărarea mea e aziul prin destinul
Eternizat de grâu trecut în pâine.

17 aug 2016

Mormânt de ape

De pe o stâncă stearpă vedeam nemărginirea
cu ape-mpovărate de zbucium și tumult
și unde-adânc ascunsă le este nemurirea
vieților pierdute în veacuri de demult.

Deodat`, un val puternic, în stâncă se oprește
cerându-mi înspre unde, umil, să mă închin
tu, ești chemat de zeul Neptun care domnește
adâncurile-albastre, el m-a trimis să vin!

Coboară deci din gânduri în casa de cleștare
și-ți vom vădi priveliști străine pân`acum
răspunsuri la trecuturi cu miez de ghicitoare
și chiar comori pierdute de pe al apei drum!

Lin legănat de unde, ajung la feeria
din fund adânc de mare, la casa cu trident,
unde m-așteaptă zeul ce-și domolise furia
și maiestuos răspunse la gândul meu ardent:

Faci parte dintre-aceia ce rătăcesc pe țărmuri
și știu doar trăinicia ce-i dată de pământ
sau aerul pe care noi vi l-am dat în vremuri
când doar prinseseți viață, dar fără de cuvânt.

Apoi, din mila noastră, v-am învățat ce-i roua,
sau râul lin, cascada, și fluviul sau oceanul
ce-ascund o lume mută din care să luați noua
credință că e hrană, cum e belșug mărgeanul.

Aţi învăţat plutirea şi mersul lin pe mare
cu plute, cu canoe sau cu pirogi mărunte
iar mai apoi curajul v-a îndemnat spre zare
în nave mari plecate pe drumuri azi pierdute.

I-am scufundat pe-aceia ce n-au ştiut de bine,
pe care doar orbirea îi împingea spre ţel
fără să-nvoce pronia care venea din mine;
apoi stătu din vorbă şi am privit spre el.

Mi-a arătat piratul ce-l transformase-n paj,
supus la muncă aspră de zeu Neptun, prin lege
Văd cum i-a pus o scoică, oprobiu, pe obraz
ca piatră pe mormântul ce n-a putut alege.

Doar el e pedepsitul! ceilalţi se odihnesc
şi-i legănăm în valuri căci asta ei iubesc.
Te-ntoarce-n a ta lume cu rătăciri deşarte,
aice numai bravii îşi au sălaş de moarte!

09 oct 2005

MĂRUL FĂRĂ ADEVĂR

S-a împlinit în pomul vieţii mărul.
Nu-l defineau doar gustul sau măsura,
Purta în el iubirea ca şi ura
În fapt, cu el rodise Adevărul.

Izvorul către mâine se pornise
Când fructul dat a fost primit de lutul
Care-l muşca privindu-şi începutul,
Ce Dumnezeu din el îl zămislise.

Nici n-a zâmbit, doar s-a robit pe cale,
Spre viitor, Adamul inocent,
Iar lângă el, prezentă permanent
Mergea şi Eva, soaţa dumisale.

Le luase Raiul, poate, demiurgul,
Dar le-a dat lumea cu pământ şi ape
Să-şi ducă traiul vieţuind aproape
Şi zori de zi să-şi fie, nu amurgul.

Trecut-au vremi şi-au ascultat porunca,
Purtându-se cum le rostise datul,
Ea pruncii zămislind, el fiind soldatul
Şi soţul iubitor deprins cu munca.

Pornise roata lumii iar apoi,
S-au împlinit gătindu-se cu straiul
De veşnicie şi-au păşit în Raiul
Din care-i alungase pe-amândoi.

Puteţi găsi în orice piaţă mărul,
Nu mai contează gustul sau măsura.
Ca el se vând la fel iubirea, ura,
Urmaşii lor vând azi şi adevărul.

29 nov 2007

BRUNHILDA

Brunhilda, fecioara ascunsă
În spate-n perdeaua de foc,
Oprelişte azi nepătrunsă
Ce cheamă eroii la joc.

Doar unul din toţi va fi mire,
Copilei ce doarme visând,
Acel ce mânat de iubire
Va trece de flăcări luptând.

Vitejii mizează pe spadă,
Isteţii aleg subterfugii,
Chiar laşii se-apropie să vază,
Dar spaimele nu sunt refugii.

Trezită de jarul iubirii,
Walkiria zeii'şi desparte,
Şi-alege pe drumul simţirii
Să meargă cu rost mai departe.

O-ndeamnă Wotan să se-oprească,
El Tatăl prea bun, iubitor,
Dar ea a ales să jertfească
Mărirea, pe-un om din popor.

Zeiţă şi om laolaltă,
Se strâng în credinţă şi-ascut
Noi săbii cu care înalţă,
De fragedă viaţă nou scut.

Săgeţi otrăvite din ceruri
Încearcă-n zadar să-i oprească.
Nici zeii, nici focul, nici geruri,
Nu-s prag spre iubirea lumească.

Ferice-i Brunhilda cu-alesul
În trupui sămânţa lui creşte,
Sporind pentru toţi înţelesul
Că zeu e doar cel ce iubeşte.

06 feb 2006

Legenda numerelor

Primul și limită-ntre toate
Născut din Sifr sau Zephyr,
Simbol de-avut sau nulitate,
El este început de șir.

Urmează oinos, neegalul,
Simbolul pentru Creator
Sau pentru solus-sideralul,
Al lumii-n veci luminător.

Apare doi, dualitate,
E tot ce are un opus,
Simbol de omogenitate,
De răsărit și de apus.

Din contopirea lor divină
Oinos-dos dau trinitate,
Simbol de forță și lumină
Și leagăn de prosperitate.

Din quattrum s-au născut pătratul,
Sau cardinale destinații,
Simbolul crucii cu păcatul
Și-al anotimpurilor spații

Sunt cinci netaine dureroase,
Cinci simțuri manifestă ființa,
Iar cinci mistere glorioase
Au întărit în noi credința.

În şase zile de creaţie,
O lume s-a făcut din haos
În şase, Moise-n divinaţie
A luat al cerului adaos.

Cu ziua şapte s-a-mplinit
Simbolul de totalitate.
Tot şapte pâini a poruncit,
Iisus să-mpartă cu dreptate.

Urmează lotusul în floare,
Sau opt sunt ale rozei vânturi.
Simbol de octopod în mare
Şi mai ales de infinituri.

E nouă un final în toate,
În iaduri nouă sunt nivele
Durată de natalitate,
Şi chiar planete-n cer, sub stele.

Unii le-mpart, alţii le-adună,
Le pot mări, sau să le scadă.
Cu numerele împreună
Trăiesc doar cei ce pot să vadă.

20 iun 2006

Calamum honorat equum

(dragoste şi război)

Motto:
Tu cal ai, da' frâu n-ai.
Îţi dau ţie brâul meu
Şi fă frâu calului tău!...

Zboară roibule, hai zboară
Pământul de-l înconjoară.
Numai cu mine povară!

Dorul Roib

Mă cheamă
Dorul Roib
să îl încalec
şi să pornim
spre tărâmul
elizeelor tale
chemări.
Truda,
i-o vom hrăni
cu pajişti
de trupuri,
Îl vom adăpa
în zori
cu sudoarea
regăsirii
şi-l vom veghea
priponit
în iatacul iubirii.

Azi, Roibul meu...

Azi, Roibul meu
așteaptă nerăbdător
să pornim
spre lumea
dimineților noastre.
L-am adăpat
cu roua
de pe pajiști
și lacrimile curse
în lungile nopți
de visare.
Poartă
pe botul reavăn,
aromă de ierburi
și flori
cu numele tău.

STĂPÂNII DRAGOSTEI

zăbală din argint de lună
de aur frâul rupt din soare
valtrapurile din ninsoare
şi-n frunte stelele cunună

ei pot să ia-n copite ceruri
cu nori de fum, câmpii de ceaţă
şi să subjuge-n munţi de gheaţă
necotropitele lor geruri

potcoavele marmoreene
să-i fie liniştii supliciul
nicicând să nu-i robească biciul
în ţarcuri hiperboreene

doar lor, trăpaşilor iubirii
li-i casa-ntre pământ şi ape
îi mână-n inimi să se-adape
herghelegiul nemuririi

BUCEFAL

Aleargă mânzul nostru, ba zvârle, se cabrează,
Goneşte nebuneşte şi sare peste tot,
Cât timp stăpânu-nvaţă cu însuşi Aristot,
Dar când la dânsu-l cheamă, pe loc îngenunchează.

Un animal din soare, o splendidă făptură,
Născut sub zodii faste, ca un trimis divin,
Crescut cu Macedonul pentru măreţ destin,
Ne-nduplecat primeşte, un singur frâu în gură.

Încremenea cu teamă de umbra-i pământească,
Dar ne-nfricat se-arată în aspre bătălii,
Unde un rege mândru-l va duce prin câmpii
În Persia semeaţă urmând s-o cucerească.

Când Marele-Alexandru pe Bucefal îl pierde,
În crâncene războaie, el, un mormânt-oraş
Poruncă iute-aruncă să-i facă de sălaş,
Tovarăşului care nu-i chip să-l mai desmierde.

Aşa s-a scris legenda cu-n armăsar iubit,
Ce-n aspre cavalcade mereu biruitor
A stat ca şi stăpânul atot-cuceritor,
Cu faţa, toată viaţa, mereu spre răsărit.

CAII MORŢII

Motto:
Şi-un călăreţ se-arată, ieşit dintr-un sicriu,
Doar oasele de dânsul- pe-un negru bidiviu,
O mână întinzându-mi, să urc cu el în şa...
(Ronsard – Imn către demoni)

Fantoma cu coasa trimite,
Solie şi stavilă sorţii,
groparii în care cernite
cu caii năpraznici ai morţii.

Se zgâlţâie-n ele sicrie,
mai mici sau mai mari, toate negre,
cu colburi pe uliţi ne scrie,
hulpavele-i marşuri funebre.

Cerniţi sunt ca spumele nopţii
focoşii trăpaşi ai lui Charos
şi gâfâie gloabele morţii,
chemând osândiţii spre haos.

În frunte e Roibul de Rouă,
furat de la mândrul Conan;
duşmanii cu bale şi-i plouă,
scântei scăpărând spre rădvan.

La dreapta e Neagră Copită,
Pe stânga e Surul din Macha,
cu sânge îi pare urzită,

birjarului morţii cămaşa.

Amarnic plesneşte cu biciul
vechilul în gloabele morţii,
alungă spre iaduri supliciul
şi-şi numără-n hohote orţii.

Prin aer ecouri nechează
afund în iatac şi în casă,
doar spaima în urbe e trează,
stârnită de Doamna cu Coasă.

Calul fantastic este prezent în aproape toate mitologiile lumii

Calul Năzdrăvan al românilor are dublu rol: de zburător şi de sfătuitor al eroului. Nefolosit, el pare o mârţoagă fără valoare, dar îsi revine hrănit cu jăratic. El păstrează în urechile sale un întreg arsenal de obiecte magice: o perie care, aruncată îndărăt, se preface în pădure impenetrabilă, o gresie din care răsare un munte, o maramă care se preface în întindere de apă, sau un inel, schimbat în alt obstacol inescaladabil. Calul Năzdrăvan devine aliatul lui Făt Frumos în luptele sale cu Zmeul, Scorpia, Ghionoaia, Muma Pădurii ş.a.m.d.

Pegas, calul înaripat al elenilor era renumit prin iuţeala sa, căci zbura mai repede ca vântul. Într-o zi, eroul **Bellerophon** l-a capturat şi a pornit călare la luptă împotriva Himerei. Plin de orgoliu în urma victoriei sale, el a râvnit de mai multe ori să înfrunte zeităţile, încercând să urce până la cer, călare pe calul înaripat. Dar **Zeus** i-a zădărnicit elanul, căci Pegas, muşcat de un tăun, l-a azvârlit din şa, apoi s-a întors la Zeus, care l-a plasat printre constelaţiile astrale.

În sens larg, Pegas este perceput ca simbol al aspiraţiei poetice şi al avântului creator atât de râvnit de artişti.

Xantos "bălan" şi Balios "pătat", au fost caii imortali ai lui Ahile. Poseidon, stăpânul mărilor, i-a dat doi cai regelui Peleus din Egina pe post de cadou de nuntă, atunci când acestas-a căsătorit cu nereida Thetis.

Peleus i-a dăruit caii, mai târziu, fiului său, Ahile, care i-a luat pentru a trage carul său de luptă în timpul războiului troian.

Iliada relatează că Ahile a avut un al treilea cal, Pedasos, care a fost înhămat la car ca un „cal de urmărire", împreună cu Xanthus și Balios. Ahile îl capturase pe Pedasos, atunci când a cucerit orașul lui Eetion. Pedasos era muritor, dar el putea ține pasul cu caii divini. Camaradul de arme al lui Ahile, Patrocle, obișnuia să-i hrănească și să-i îngrijească pe acești cai. Tot în Iliada se povestește cum, atunci când Patrocle a fost ucis în luptă, Xanthus și Balius au rămas nemișcați pe câmpul de luptă și au plâns amarnic.

Bucefal, calul lui Alexandru cel Mare
Pe când avea Alexandru 12 ani, ne povestește Plutarh, un negustor de cai tesalieni, Filonicos, îi aduce regelui Filip al Macedoniei un cal pe nume Bucefal, „Cap de Bou" adică, un superb armăsar negru, de talie excepțională, cu o pată albă în frunte, iar pe șold una în formă de cap de bou.

Bucefal era prea sălbatic pentru a fi călărit. De fiecare dată când se apropia cineva se cabra imediat amenințător.

Alexandru l-a îmblânzit, întorcându-l cu capul spre soare, fiindcă observase că armăsarul se temea de umbra proiectată în fața lui.

Mândru de fiul său, Filip îi spune: „Caută în altă parte un regat care să fie demn de tine, Macedonia e prea mică pentru a-ți fi de ajuns."

După bătălia de la Hidaspes (Hydaspes), împotriva regelui Porus al Indusului, din mai 326 î. Hr., armăsarul a murit din cauza rănilor. Avea deja vreo 30 de ani. În memoria sa a fost construit un oraș, Alexandria Bucephalia, pe râul Vitasta.

Sleipnir, calul lui Odin
În mitologia norvegiană, Sleipnir („alunecos") este un cal cu opt picioare condus de Odin. Sleipnir este atestat în Poetic Edda, compilată în secolul al XIII-lea din surse tradiționale anterioare, și Proza Edda, scrisă în secolul al XIII-lea de Snorri Sturluson. În ambele surse, Sleipnir este stalionul de culoare gri al lui Odin, este copilul lui Loki și Svaðilfari, este descris ca fiind cel mai bun dintre toți caii.

S-a vorbit şi despre potenţiala legătură a lui Sleipnir cu practicile şamanice ale păgânilor norvegieni. În epoca modernă, Sleipnir apare în folclorul islandez ca fiind creator al Ásbyrgi, în opere de artă, literatură, software şi în numele navelor.

Merani, la kartvelii caucazieni este un cal fantastic ce zboară pentru salvarea călăreţului său, pregătit să-şi regăsească patria, ca să nu-şi piardă dreptul de a fi îngropat în cripta ancestrală.

Unicornul sau inorogul este un animal fabulos, alb ca neaua, purtând în mijlocul frunţii un corn lung, subţire şi spiralat, alb impletit cu negru. Primul care a văzut un inorog e chiar chiar Adam, în Gradina Edenului.

În Vechiul Testament sunt şapte referiri clare la unicorn. Si Talmudul face referiri la el. În epoca medievală, el a devenit chiar simbolul lui Hristos, cornul său simbolizând uniunea dintre Isus si Dumnezeu Tatăl.

Un dicton popular îi subliniază valoarea de talisman: când se arată inorogul diavolul dispare. Denumirea de Inorog a fost impusă în literatura noastră de Dimitrie Cantemir prin opera sa "Istoria Ieroglifică". Inorogul este o denumire slavă. Alte sinonime cunoscute sunt: unicorn, licorn (din latinescul unicornis).

În mitologia chineză, unicornul era un animal benefic ce venea printre oameni doar cu misiuni importante. Aparitia sa era văzută ca un semn bun, iar faptul că nu a mai fost văzut de multe secole arată că trăim într-o perioadă de decădere. Numele chinez al inorogului, Ki Lin, este similar cu Yin-Yang.

Sixtina plăsmuire

Eu sunt Sixtina Voastră plăsmuire!
Omagiu, Demiurg îndrăgostit
De uimitoarea,-n juru-ţi, nerostire,
Simţire-ai pus pe lut abia dospit.

Tu m-ai făcut Voivodul lumii vii!
M-ai miruit cu spirit peste toate.
Să trec prin timp prăsindu-mă-n copii
Şi să-ndrăznesc orice e peste poate.

Astfel, prea liber, te-am negat, ca orbul,
Târând creaţia în derizoriu,
Am croncănit, nu înţelept cum corbul,
Trăind milenii-ntregi în provizoriu.

Triumful meu de azi e libertatea
De-a înţelege darurile Tale.
Ştiu! Peste toate, numai demnitatea
Va-ndepărta pornirile venale,
Purtându-mă spre punţile astrale,
Sixtinul lut, frizând serenitatea.

10 nov 2016

IISUS, DRUMUL SFÂNT

Îi adulau cerşindu-le favoruri,
Vedeau în ei destinul, împlinirea,
Obraji scăldau cu lacrimi ca onoruri,
Oracole-n altar ciopleau menirea.

Dar zeii tac, sau râd de toţi şi toate
Stropşindu-i sub a vieţii crude valuri,
Chiar dacă-i văd sărmani şi rupţi în coate,
Îi potopesc cu false idealuri.

Un singur om desăvârşindu-şi jertfa,
I-a învăţat privirea înspre ceruri,
Crucificând nu trupul, ci amorfa
Credinţă în minciună şi totemuri.

Ca să te naşti şi să te dai pe tine
Prin adevăr şi cu seninătate,
Să nărui temple false în ruine,
Acesta-i drumul sfânt spre libertate.

23 dec 2007

Regele luminii

Nepământescu-Ți tată, voința își îndrumă
Către curat ogorul, cu numele Marie,
Sortită dintre toate, să-ți fie Ție mumă
Și să Te zămislească, spre-a lumii bucurie.

Pe Iosif l-a pus strajă, la toată biruința
De a Te naște-n iesle, pe paiele sărace
Și gazdă pentru Magii, care-și strigau credința,
Că Fiul Celui veșnic, s-a pogorât cu pace.

Ți-ai împlinit destinul, scriind învățătura
Cu sânge-n cartea vieții, ca pavăză rușinii
Și-ai poruncit ca mila, să-nlocuiască ura,
Tu, răstignit al vieții, dar Rege al luminii.

21 dec 2006

Trăinicie

Răsare din pământuri cu dăltuiri de trepte,
o nouă temelie pentru măreţ locaş,
un loc spre care lumea va fi să se îndrepte
în zi de sărbătoare când pace e-n oraş.

E începută-n urmă, cu chiar ştiută vreme,
pe locul ce rămase ruină din război,
când au văzut vrăjmaşii că urbea nu se teme,
iar popa ascunsese câţiva dintre eroi.

Pedeapsă-a fost sortită s-o fulgere în noapte,
nu pronia cerească, ci cruzii luptători.
Ei au lovit cu tunul când nimeni nu socoate
şi-au ars-o-n întregime până-n ai zilei zori.

Acuma se ridică un nou sălaş de suflet,
să fie obştii casă de rugă până-n veac
şi unde să adaste, şi cei care prin umblet
sunt pelerini ai sorţii, şi cel ce e sărac.

Sunt rostuite-arcade şi turle pentru-arame,
din care glasuri grave vor proroci spre zări,
credinţa care, timpul, nu poate s-o destrame
şi vor trimite-n lume de pace noi chemări.

Uşorii de intrare's sufletul sfânt din lemne,
pereţii cu icoane din nou s-or zugrăvi,
să fie la tot neamul, şi pildă, şi îndemne
de cugetare aspră, spre-a nu se nărăvi.

Vitraliile's irişi fragili privind spre cerul,
statornicit de-a pururi lumină să ne dea
ca îndreptare bună, s-alunge efemerul,
cât vieţuim în lume până plecăm din ea.

Răspântiei prin veacuri pietrele-s zălogul,
altare veşniciei sfinţite pe pământ.
În catedrale, nouă, botezul ni-i prologul,
iar ultima litanie e pragul spre mormânt.

18 oct 2005

BALAURUL DIN WAGADU

Planeta aleargă! Orbita-i stelară
E-aceeași mereu. Pe pământuri, istorii
Păstrează prin veacuri trecutele glorii
De spus tuturor în răgazuri de seară.
Sămânța poveștii e-ascunsă-n cuvinte
Rostite de barzi și va fi să rodească
În minți însetate și cale firească
Să fie oricui și aducere-aminte.

Wagadu nu mai e slăvitul imperiu
Din Africa neagră. Milenii-nainte,
Nu darul dinastic și nici jurăminte
Nu dau un stăpân peste un teritoriu.
Nici tații, nici fii, surori sau nepoții-s
Chemați să râvnească la tronul hieratic
Și nici un erou nu-i ales democratic,
Ci numai acei ce-i numeau sacerdoții.

Aceștia grăbeau de cu zori spre altarul
Reptilei ascunse în peștera sfântă.
Șamanii îl cheamă, cu vrăji îl încântă
Doar unui ales să-i atribuie harul.
De-aproape, jivina,-și-ascute mirosul
Privind pe-ndelete și pe fiecare
A unuia singur, i-nalta onoare.
Balaurul pleacă vădindu-și folosul.

Din coamă ori coadă alesul va smulge
Mănunchiul de fire-totem ce va spune

Câţi ani de domnie urma-va s-adune
Din ziua-ntronării. Destinul lui curge
Ferit de comploturi, urmat de războinici
Iar merit va fi bunăstarea adusă.
Povestea-i mai multă. Rămâne nespusă
Despre Wagadu şi-mpăraţii-i destoinici.

20 apr 2017

LETSATSI - LEUL ALB

Se-apropie seara, ispite din vise
Țesute din duhuri de nimeni știute
Își vând neodihna, dospind necernute,
Poveștile lumii sub pleoape închise.
În Valea Lemombo, copiii strânși roată
La focul de seară, ascultă blând glasul
Bătrânului negru la vremea când ceasul
Își ticăie clipa-n crepuscul schimbată.

- În urmă milenii, o ploaie de stele,
Pe-a Africii boltă, celestă hârjoană,
Se trece-n abise, doar una, din goană
Coboară-n savană-n volute rebele.
Splendidă ființă ea fi-va să nască!
Strămoșii privesc cu uimire făptura
Născută din astre, cum numai natura
Putea zămisli o minune cerească.

E primul Leu Alb, prin natura lui, rege
Pornind seminția măreață, augurii
Îi sunt favorabili, leoaica Muhluri
Drept soață și mamă la pui își alege.
Un an mai târziu pe Letsatsi îl are
Un alb ghemotoc curios ce-ndrăznește
Să cate-mprejur pe măsură ce crește
Mereu mai departe, departe spre zare.

Rătăcit de părinți, descoperă-n lume
Magnificii fluturi și-apoi nedreptatea

Ce-o naşte savana, în jur cruditatea
E legea naturii, nescrise cutume.
Cunoaşte şi foame, şi sete, şi frică,
Oriunde ajunge, mereu e ciudatul.
Târziu, Nkulu îi va fi aliatul,
Un alt pui de leu sprijin e şi-l ridică.

Magnificul leu, peste ani ne vesteşte
Că viaţa nu-i lină, ci cale abruptă.
A merge spre mâine-n savană e-o luptă
Şi doar cel puternic în ea reuşeşte.

29 apr 2017

Pele - Zeița din Kilauea

Din vremi de legendă Aloha e-o țară
Departe-n Pacific cu ape hotare,
Localnicii, viața-și trăiesc cu fervoare,
Pământul le este preasfânta comoară.
Aloha e dragoste, prietenie
Blândețe, deschidere și bunătate
În tot ce e viață și îngemănate,
Respect, politețe dar și omenie.

Vulcanul legendei e una cu Pele,
Zeița din aburi născută, focoasă,
Asupra a toate, extrem de geloasă
Nu-i trebuie mult să se-ndeamne la rele,
Stăpână pe lavă, mereu schimbă firea,
Tăcută o vreme, apoi se frământă.
Lohi`au, flăcăul frumos o încântă
Îl vrea doar al ei și apoi cu privirea

Pe sora Hi'iaka, degrabă îndeamnă
S-alerge, să-l cheme și iute să vie,
Ferice flăcău cu zeiță soție,
Prea mândru de el și neștind ce înseamnă
Zăbava pe drum, el cu solul se-oprește,
Să-și traga suflarea, culeg orhidee,
Zeiței ofrandă de curcubeie,
Ajuns prea târziu nebunia stârnește.

Îi spintecă trupul, îl zvârle-n vulcanul
Ce fierbe când ea s-a crezut înșelată,

Hi'iaka-l salvează, cei doi fug pe dată
Iar Pele în urmă îşi urlă aleanul.
E crud adevăr, sau e doar povestire?
Azi, nimeni nu ştie, doar lava fierbinte
De trista poveste aduce aminte
Aloha-i Hawaii, pământ de iubire.

24 mai 2017

Podul lui Rama

Există mereu o a doua natură,
O zestre firească înscrisă-n destine
Când traiul şi timpul te-ndeamnă la bine
Himerele-nclină balanţa spre ură.
Şi vine o clipă, o singură clipă
Când gândul nătâng prins în tine apasă
Iar sufletul tace şi mintea o lasă
În mrejele nopţii şi răul îşi ţipă.

Geneză înseamnă întâi împlinire,
Şi mers către mâine vădind armonia.
Nu spaimă ori taina ce naşte mânia
În orbul jertfind un destin pe mărire.
Spre zările lumii legenda e poarta
Prin care coboară în lume chiar zeii
Să afle răspunsul cerut de mişeii
Porniţi să îi schimbe pământului soarta.

E Sita, soţia lui Rama, răpită
Şi-ascunsă în Lanka, regatul cu demoni,
Păzită de hoarde marine şi tritoni
Opusa Yamunei e-amar pedepsită.
Mâhnit, zeul cheamă la sfat pe Lakshmana
Mezinul său frate şi bun credincios
Din tot ce se-ntâmplă să afle folos,
Salvându-şi soţia de hoţul Ravana.

Nedrept e privit tânărul Vibhishana,
Fugarul crezut de Lakhshmana duşmanul,

Sosit ca spion să îşi sprijine clanul,
Dar el a plecat dezgustat de Ravana.
El, Rama, îi simte curat simţământul:
- Sunt bine veniţi cei ce-mi vor ocrotirea!
În suflete-alese rămâne iubirea
Şi spune: Acesta-mi va fi legământul!

Pe Mama Divină el vrea s-o salveze
Din insulă, solul, le-aduce secrete:
- Indrajit, pe trup, de iguană, corsete
Îşi pune, săgeţile, s-anihileze.
Nici zeii, nici şerpe, celesta fiinţă
Nu pot s-o învingă, nu pot să-l rănească.
Cu el căpcăuni a luat să-i hrănească
Cu sânge şi carne în loc de credinţă.

E vremea de-acum ca un pod să ridice
Iar Zeul Maimuţă a prins să îşi cheme
Poporul s-ajute şi-n cinci zile, vreme,
Din munţi, de departe, pe strâmte colnice
Din piatră şi lemne înjgheabă o punte
Un pod cu lungime de-o sută de leghe
Iar peştii şi focile-s puse de veghe,
E Rama de-acum pregătit să înfrunte

Pe crudul Rakşasa cu capete zece.
Maimuţele, urşii sunt ceata urnită
Credinţa-i uneşte, victoria-i menită
Să fie de partea oştirii ce trece.
Amarnice lupte, învins e duşmanul.
Eroii sosiţi liberează pe Sita,
Iar Rama îşi strânge în braţe iubita
Şi-alungă în cele din urmă aleanul.

Trec jaruri în spuze, e pace-n poiana

În care povestea a prins călătorii.
Adorm fermecați, iar odată cu zorii,
Vor vrea să asculte din nou Ramayana.

28 - 30 mai 2017

Legenda trandafirului

Ce-i roza? Doar o adunare
De spini, de frunze şi o floare?
Întâi, când am ales-o-n zori
Din rondul plin de alte flori,
M-am întrebat, ce-i trandafirul?
Unde povestea-ncepe firul?
Iar el mi-a spus: - Ca o mandala
Mi-am arătat întâi petala!
Simbol pentru perfecţiune,
Aşa ieşit-am din genune,
Din apele primordiale,
Am răsărit cu cinci petale!
Sunt cupa vieţii, a iubirii,
A inimii şi-a nemuririi.
Am fost născut să fiu potir
Al mult iubitului Martir,
Ca simbol rozacrucian
Şi altul mistic, feciorian.
Din roşul sânge m-am transpus
Venind la voi de la Iisus.
Un simbol al peceţii Sale
Pus pe destinele astrale.
El, semn al revenirii Sale
M-a presărat pe-a lumii cale.

Numele roză mi s-a dat
Din rosa-ros ce-a fost odat`.
Culoarea mea trandafirie
Din sânge sfânt a fost să fie.

Căci m-am născut din albul pur,
Frunze și spini având contur.
Și te anunț că sunt dual,
Înțep, dar sunt și senzual.
Sunt semn al dragostei curate
Și sentimentelor furate,
Din calde inimi de codane.
Dar pot să stau și la icoane!
Mă vezi la ceasul înserării
Ca simbol al regenerării.

Asta mi-a spus minunea albă
Și eu l-am prins apoi în salbă
Iubitei, plin de gând curat,
Azi, trandafirul ce-am furat.

28 nov 2005

Legenda salciei

Demult, pe malul unui râu,
Ascunsă-n trestii tremurate,
Fecioara goală pân` la brâu,
În ape calde şi curate
Îşi spală părul galben grâu.

Era mlădie şi frumoasă
Toată un zâmbet şi cânta
Ca ciocârlia, dar sfioasă
De taina ce în piept purta,
Ascunsă celor de acasă.

Clătind cosiţa-n apa lină,
Gândea la tainicul iubit,
La faţă-i arsă, dar senină
Sub puful feţei doar mijit,
Ce-n ochi îi aducea lumină.

Visa cum poate-o să-l dezmierde,
Trântit pe spate, visător,
De vraja ei cum se va pierde
Când părul desfăcut, uşor
Va undui ca iarba verde.

El o zâmbi sub apasare,
Simţind cum sânu-i îl împunge
Şi contopiţi în sărutare
La pieptul lui cu drag s-o strânge,
Cu gând sfios de fată mare.

Ăst timp, voinicii, toţi s-au dus
La scaldă, cum se strâng băieţii,
Departe, hăt pe râu în sus,
Plecaţi cu roua dimineţii,
Să se întoarcă la apus.

Arar, un sunet se aude,
Orb chiot de la ei răzbate.
Îşi strânge-n grabă plete ude
Când simte-n aer cum străbate
Năluca morţii prinsă-n unde.

A-ncremenit la cruda veste
Şi a rămas de-atunci tăcută,
Doar chipu-n apă-şi oglindeşte
Şi cu cosiţele-o sărută
Mutând tristeţea în poveste.

În timp, în salcie schimbată,
Se-mpodobeşte an de an,
Plângându-şi dragostea de fată
Pentru pierdutul băietan
Şoptind spre râu „a fost odată...".

13 apr 2006

CONCA

vuiet creşte
se măreşte
ca un ropot
ca un tropot
nu se vede
dar se crede
că este ecou de sunet

conca sună
ţărm răsună
ca un răget
ca un muget
întâi creşte
apoi sporeşte
ca şi când ar fi un tunet
marea mare
azi în zare
ne aruncă
o poruncă
dintr-o concă
mai adâncă
şi sloboade sunete
tari ca nişte tunete:

- dacă vreţi al mării glas
care-n scoică a rămas
staţi acolo sus pe maluri
sunete trimit prin valuri
conca-mi ştie tot trecutul

ascultaţi în ea cuvântul
nu-ncercaţi să fiţi nebuni
să vreţi să-mi stârniţi furtuni

căci
vuiet creşte
conca sună
ca un tropot
ca un muget
şi-apoi creşte
ca un ropot
ce sporeşte
ca un muget
de se crede că-i un sunet
ca şi când ar fi un tunet...

14 nov 2005

SEPIA OFFICINALIS

în ţara unde gheaţa e stăpână
un bob de jar cu care să aprindă
de mult un primitiv purta în mână
foc salvator la tribul ce colindă

dar sepia perfidă şi ciudată
pe nootka-i prăduieşte şi ia jarul
(aşa cum vechi legende ne arată)
sporindu-le şi grija şi amarul

la foamea aspră care-i asupreşte
se-adaugă o nouă tragedie
bărbatul de îndată se gândeşte
la lopătar să-i scape de urgie

semeţul cerb a înţeles povara
ce-i apăsa pe oameni şi-a pornit
spre cuibul unde-ascunsă e comoara
şi-n două salturi locul a găsit

cu octopodul luptă pe-nserate
smulgându-i strălucirea de jeratic
şi vine aducând cu bunătate
averea scumpă cu simbol hieratic

atunci s-a conturat pe veşnicie
un trainic şi statornic legământ
ca nootka să iubească şi să ştie
că cerbul i-a salvat pe-acest pământ

15 nov 2005

MĂSLINUL

Din ceartă de zei s-a născut
Copacul de pace şi vise
Aşa cum Athena promise
Eladei la bun început.

Sădit pe Acropol, puietul,
E straşnic păzit peste veac,
Căci rodu-i lumină şi leac
Şi umbra i-o cântă poetul.

Divină pedeapsă aduce
De creanga o frângi sub cuţit,
Sfânt lemnu-i de cruce menit
Când El înspre Tatăl se duce.

Măslinul e fecunditate,
A stat în cununi şi-n palat.
Uleiul său a luminat
Credinţe şi chipuri pictate.

La unii-i simbol de victorii,
Răsplată şi dar de eroi,
Iar alţii, în vremuri mai noi,
Îl schimbă în semn de istorii.

10 dec 2005

Pasărea Phoenix

Ades strămutată speranța-n splendoare,
Răsfrântă pe boltă ca iarbă albastră,
Mereu renăscuta cenușă măiastră,
În timp reînvie clepsidra ce moare.
Nu-i colb, nu-i nici mâlul pentru târâtoare!
Nici apelor nu-i izvorâre fiastră.
Luminii nestinse îi este zavastră
Când timpul nefrânt o-ntremează să zboare.

Niciunii n-o-nving! Nici șamani, sacerdoții,
Nici iele, erinii, vidme, ori regii
Nu o pot cetlui! Îngrădirile legii
Sunt doar sens abscons ce-l proclamă bigoții.
E pragul dintâi definind entropia.
Iar robii calamei o cată sub soare
Sub arșița zilei și-a nopții răcoare
În locuri în care nisipu-i câmpia.

Cuib în chiparos, ea, acolo își crește
Nu puii, ci caierul vieților duse
Trecând prin milenii, taine apuse,
Să porți înspre veșnic apare firește.
Când vine sorocul în flăcări se stinge
Cum ardem vremelnic sub patimi zălude
Doar troznet de ramuri și pene se-aude
Nadiru-i culcușul cenușii ce-nvinge

O nouă golgotă de veacuri trecute.
Amestecă scrum cu tămâi și rășină,

Se naşte din ea, ce-a mai fost va să vină
Un ieri într-un azi înspre mâine trecute.
Prisosul cenuşii îl ţese în oul
Depus la Heliopolis în sanctuarul
Făcut să îi fie luminii altarul
Rămânerii vieţii trecute în noul

Destin cuvenit unei păsări regale,
Cu nimbul de raze cunună pe creastă
Numită când Phoenix, Simorgh sau Măiastră,
E Fenghuang în zone septentrionale,
Sau Bennu, ori Ho-o cândva e ştiută
Puterea ei magică iaduri sfidează
Oriunde în lume legende-i brodează
Reginei luminii etern renăscută.

Aduce credinţă, iubiri ocroteşte,
Crezută divină, inspiră perfectul
Regenerării, alungă funestul
Din spirit şi viaţă prin moarte vesteşte.
Ades strămutată speranţa-n splendoare,
Răsfrântă-i pe boltă ca iarbă albastră,
Mereu renăscută, cenuşa măiastră,
În timp reînvie clepsidra ce moare.

21 sep 2017

Naiadele

Naiadele erau nimfe ale apelor dulci şi reprezentau una din cele trei clase principale de nimfe – celelalte fiind Nereidele (nimfe ale Mării Mediteraneene) şi Oceanidele (nimfe ale oceanelor).

Naiadele guvernau peste râuri, şuvoaie, pâraie, izvoare, fântâni, lacuri, eleştee, puţuri şi mlaştini...

PÂRÂU

Sunt doar un pârâu
ce adună în el,
statornicia şi puterea muntelui,
unduirea sălciilor
şi arome de floare şi iarbă.
Am memorat
mângâieri de nisip
şi atingeri de piatră,
adăugându-mă la final,
undei care îţi cuprinde glezna.
Când mă presari
din căuşul palmelor
pe trup sau mă sorbi,
simt timpul prin care am curs
şi te întreb:
– mai ţii minte apa ?
Nu-mi răspunzi.
Eu curg,
iar în prospeţimea
şi lacrimile tale,
mă simt împlinit
în destin.

... O Naiadă era strâns legată de corpul său de apă şi chiar existenţa sa pare să fi depins de el. Dacă un pârâu seca, Naiada sa murea. Apele peste care Naiadele domneau erau presupuse a fi deţinătoare de puteri inspiraţionale, medicinale sau profetice. De aceea Naiadele erau deseori adorate de grecii antici alături de divinităţi ale fertilităţii şi creşterii.

izvor cade
prin cascade
din pârâu
ajunge râu
prins în nadă
de naiadă

Eu mi-am trăit şi imaginat altfel Naiada a ceea ce a fost Pârâu... dar viaţa a vrut altfel, ca orice legendă cu final neprevăzut...

PÂRÂUL ÎN NAIADĂ

Ca să-nţelegi cât de adânc pătrunde
În mine veşnicia, caută-n zare
Din universuri, binecuvântare
În tot ce fi-voi, roşul se ascunde.
Am sihăstrit, azi curg în mine purpuri!
E darul sfânt din blânda-mpreunare,
Când eu sunt tu, nebuna clătinare
A cumpenei prin timp nu seacă ciuturi.
Arşiţa ori potopul sărăceşte
Pe cel care sădeşte doar ispită.
Tu ai rodit o roză infinită
Ce numărul de ani îl risipeşte.

Iubirea chiar şi orbii pot s-o vadă
Eternizând pârâul în naiadă.

Legenda spune că Naiadele trăiau pe insula numită Sirenum scopuli, care era înconjurată de stânci şi pietre. Marinarii care erau în apropiere erau atraşi de cântecul lor fermecător, făcându-i să se lovească cu navele de stânci şi să se înece.

Fărâme din pulberi de stele
Se-amestecă-n iazuri şi cerbii
Beau timpul, iar verdele ierbii
Se trece în colb şi smicele.

Pierdută, sau neantului dată
Iubirea, prelinsă-n clepsidră
De piatră, cunună la hidră

Ajunge pe fruntea-i ridată.

E secetă, moarte pe maluri,
Arinii se-adapă din cruste,
Pe plajele mute și-nguste
Nisipul cerșește azi valuri

Pârâu părăsit de Naiadă,
Țâșnire captivă-n izvoare.
Puhoaie de raze de soare
Fac cruda dogoare pocladă.

Genealogia Naiadelor variază mult, un factor important fiind zona geografică și sursa literară. Naiadele erau fie fiice ale lui Zeus, fie fiice ale unor zei de râu, fie doar o parte din vasta familie a titanului Oceanus. Ca toate nimfele, Naiadele erau din multe privințe sex-simboluri feminine ale lumii antice și jucau și rolul de sedus, și rolul de seducător...

RĂSFĂŢ DE APE

Mă nasc purificat de-adâncuri,
Din ale munţilor oblâncuri.
Ţâşnesc despovărat de vină
Dar limpezit, chiar de lumină.
Şi din orice primesc răsfăţ
Cătând pe drum să le învăţ.
Pornit abia din sfânta vatră,
Alint primesc din stei de piatră,
Sau mângâierile de maluri,
Nisipuri, rădăcini sub valuri,
Sărut de salcie pătrunde
Şi adieri de vânt pe unde.
Mă strânge gheaţa, mă sufocă,
Din ger căldura mă dezghioacă.
În vaduri grele apa-mi scapă,
Vieţuitoarele adapă.
Ud câmpuri, lanuri şi grădini,
Dar şi ciulinii plini de spini,
Iar în bulboanele curate
Înoată peşti pe săturate,
Sau puşti din sate când se scaldă,
Ca broaştele în apă caldă.
Noaptea comete oglindesc,
Tuşe-n spectacolul ceresc.
Dar cea mai mare fericire
Şi poate marea împlinire,
O simt când luna stă să cadă
Pe trupu-ţi suplu de naiadă.
Iar eu sărut călcâi şi gleznă

Din trupul cufundat în beznă.
Pătrunzi în mine, te pătrund
Pe patul dragostei din prund.
În tot adâncul îmi ascunzi
Sânii şi umerii rotunzi.
Pârâu îţi sunt şi te-nvelesc,
Naiadă-mi eşti şi te iubesc!

Surse romane atribuie Naiadelor până şi custodia râurilor din ţinutul Hades, acestea fiind clasificate ca Nymphae Infernae Paludis *sau* Avernales.

IUBINDU-TE, M-AM PRESCHIMBAT ÎN MUNTE

Bazar cu fleacuri și trăiri mărunte
Am fost sau, poate, doar telal veros;
Iubindu-te m-am preschimbat în munte
Zi de Brumar cu soare zgrunțuros.

Păream un zeu iar tu o muritoare
Scrutând fuioare ce-mi mijeau pe tâmple
Cuvintele -suvoaie trecătoare-
Goneau spre tine îndrăznind să umple

Ca fluviul marea, ori ca râul vadul
Strivind destinul sub porniri nebune
N-aveam habar ca ele sunt răsadul
Ce va-ncolți în mine ca minune.

De prea mult bine ne-am lipsit de lume
Făr' de-ai pofti la viitoare nunți
Ea neștiind să-i dea iubirii nume
Nu are-a cere să colinde munți.

Te-a ocrotit pădurea, pernă steiul,
Din fulgi de nea ți-am zămislit poclada
Nici gând de somn, în doi țeseam temeiul,
Pârâul fiu, miri, munte și Naiadă.

Ne-ascunde noaptea sub umbrar de astre,
Te-mbrățișez cu-atingeri de cascadă
Munte sub munte, icnetele noastre
Alungă zorii, nimeni să ne vadă.

Oricum ar fi, pentru orice Pârâu, Naiada lui îi este și Zeiță...

Zeița Iubirii

Nu te'ntrista! Şi doar apleacă fruntea,
Acum în pragul desfrunzirii mele,
E'aproape ora timpului să'mi spele
Tot praful de pe trup, zidindu'mi mintea.

Pe drumul nou, voi renunţa la gânduri.
Va fi să cat răspunsuri potrivite
'ntrebărilor în grabă ticluite
De stelele chemate la comânduri.

Şi de vor vrea să ştie cine'i ceea
Spre care'alerg, ori vor dori s'o vadă,
Nu le voi spune, numele'ţi, Naiadă,
Ci voi minţi, rostind, Casiopeea.

Abia ajuns în templul nemuririi,
Voi decora, cu chipul tău, lumina,
Iar el va şti să îmi absolve vina
Să te proclam Zeiţă a Iubirii.

Fii sclavul celui cărui i te dărui şi îl vei stăpâni.
Însă, decide chibzuit, iar apoi respectă-ţi alegerea!

Rug ţi-e trupul

Rug ţi-e trupul, îmbrăcată
În veşmântul tău de nuri!
Jarul fer(m)ecatei guri
Cheamă, arde şi îmbată.

Şi contururi incitante,
Pudibonde reliefuri,
Feciorelnice fiefuri,
Adânciri halucinante.

Toate-n tine cufundate,
Părul unduind spre brâu,
Norocosule Părâu,
Toate, ţie ţi-au fost date!

Cu răcoarea lor hulpavă,
Pe sâni, braţe şi pe pântec
Undele îngână cântec
Oglindirilor din slavă.

Faţa apei se'nfioară,
În adânc, adânc se trece ...
Arde'n vintre apa rece,
Dăruirea-ţi de fecioară.

Ancestrală devenire:
Soţ, Părâu, soaţă, Naiadă,
Şoapte, susur, serenadă ...
Voluptoasă împlinire.

Dar, orice început are în el şi sfârşitul:

A fost să fiu.
Tu mi-ai fost stea
La ceas târziu,
La moartea mea,
Drumul pustiu,
Vei lumina
Cu dragostea.

***

Finalul?

Fiecare din noi ducem povara unei tăceri...
... şi Dumnezeu mi-e martor că nu am rostit nici o altă rugăciune decât numele tău!

– *Legendele Chinei*
transpuse de ovidiu oana-pârâu

GRĂDINA ZEIȚEI DE JAD

Grădina Zeiței de Jad,
E locul în care rodește
Copacul, pe stei ce spetește
Pietrarul cu tenul lui smead.
Dar piersicul nu-i oarecare!
Se-nalță cu ramul lui falnic
Cu Uang zis Cel Negru, e darnic,
Când brațul ori spatele-l doare.

 La umbra frunzișului des
Zeița-i așterne odihnă
El, Uang, pentru clipa de tihnă,
Dintre toți pietrarii-i ales
Zemosul fruct îl răcorește,
Răsplată de trudă și dar,
Având cuminţenia har,
În taină, zeița, iubește.

Ea știe, iar un un moșier
Pietrarii-i adună degrabă,
Un munte ar vrea și la treabă
E și Uang cel Negru, miner.
Nedreaptă pedeapsă-l ajunge,
În loc de bănuțul promis,
În carceră Uang e închis,
Zeiței de Jad el se plânge.

Ea-l scapă și fug pe un drum

Spre peştera-n munte scobită
El, Uang şi zeiţa iubită
Se-ascund sub perdeaua de fum.
Nimic nu-i mai leagă de lume,
Străjeri au pădurea de brad
El, Uang cu Zeiţa de jad
Iubirii aflatu-i-au nume.

02 mai 2017

Legenda Şarpelui Alb

În Hangzhou e lacul în care
Aflase demult adăpost
Un şarpe cercând fără rost
O altfel de înfăţişare.
O mie de ani mai târziu,
Din Şarpele Alb se preface
'Ntr-o altă făptură tenace,
O fată cu ten coliliu.

Privind de pe pod îl zăreşte
Pe Xu Xian, flăcăul pescar.
Niciunul nu are habar
De focul ce-n inimă creşte.
Acceptă destinul şi strâng,
Străini şi prieteni la nuntă.
Voioşi bucuria îşi cântă,
Iubirea pe chipuri răsfrâng.

Sunt harnici şi viaţa e vie,
Oraşul le-arată respect.
Au leac cu ştiutul efect
Pe mal şi-au deschis farmacie.
Fahai e maestru budhist
Lui Xu Xian îi spune secretul
Şi stăruie-ncetul cu-ncetul
S-alunge blestemul. E trist.

Acceptă în taină clondirul
Cu vin descântat să îi dea.

Soţia acceptă şi-l bea,
O schimbă pe loc elixirul
În şarpe cum a fost odat'.
Xu Xian e înfrânt de durere
Dar ea nu renunţă-n tăcere
Să-i caute leac a plecat.

Departe fuge, cale de-o zi
Să afle remediul şi-apoi
Să-şi capete soţu'-napoi
Din Kunlun ia plantele Lingzhi.
Îl vindecă, anii în salbă
Se strâng pe firescul lor drum
Cei doi se iubesc şi acum
Xu Xian şi Mireasa lui Albă.

05 mai 2017

Povestea Privighetorii

Perfectul vieții-i natura
Zidinduse-n ea armonia,
A dat orișicui bucuria
Să poată-nțelege frântura
De trai, aparent ne-nsemnată.
Dar picul cu picul sunt parte
A-ntregului, cine-l desparte
Vrea binele-n rău să-l abată.

Sudoare, supunere, muncă,
Îi dau împăratului traiul
De lux și confort iar alaiul,
Curtenilor laude-aruncă.
Cleștare și jad, porțelanul
Îmbracă palatu-n lumină
Se-ntrec călătorii să vină
Să laude pus filigranul

Pe fildeș, pe aur, pe vase
Și firul de-argint de pe haine,
Frumoase grădini dar și taine,
Ori pietrele lui prețioase.
Îi laudă toți frumusețea
Avutului care-l încântă
Doar glasul pădurii-l frământă
Pe chip îi aduce tristețea.

Cu mult mai vestit este cântul
Firavei făpturi ne-nsemnate

Când trilul ei zarea străbate
Și peste câmpii-l poartă vântul.
Trimite solie s-o cheme
Iar ea îi răspunde supusă,
De voie ea vine, nu dusă
Sa-i cânte din vreme în vreme.

Îl farmecă seară de seară,
Și cântecul ei e beție
De sunete și feerie
Dar fără să vrea ori să ceară,
Din Țara lui Soare Răsare
Primește în dar prin solie
Noi daruri și într-o cutie,
Mecanică privighetoare.

Cântarea-i pe drept lăudată
Și-i pusă în loc de onoare.
Doar vechea solistă dispare,
Cu tot ce a fost e uitată.
Un an a cântat jucăria,
Prea lesne, uzura o strică,
Din tot bucuria abdică
Și solii aleargă la via

Și blânda lor privighetoare,
Cu cântu-i să vină, s-alunge
Tristețea ce inima frânge
Măritului lor care moare.
Povestea e despre candoare,
Din timpuri străvechi e-mplinire,
Orice prefăcută rostire,
Lipsită va fi de savoare.

22 mai 2017

Arborele de ceai verde

(poveste din Tibet)

Nu-i bine şi rai orişiunde!
Pământul dezvăluie rodul
În locul în care norodul
Va şti în adânc ce se-ascunde.
Sunt ţarini din care se pierde
Copacul, ori grâul şi floarea
Când seceta, gerul ori boarea
Alungă covorul de verde.

Un munte lipsit e de ape,
Iar traiul oricui e povară
E secetă iarnă şi vară
Şi steiul începe să crape.
Din vremile lor de restrişte,
Bătrânii ştiau o poveste
Departe, departe-ntre creste
Ascunsă sub o povârnişte

Putea-va odată să fie-n
Sămânţa din firul de iarbă
Ori doar un copac să îl soarbă,
Izvorul cel sfânt, apa vie.
Spre Muntele Kuantung porneşte
Si Liang. De-ncercări nu se teme,
Târziu, se opreşte o vreme
Pădurea în jur scormoneşte.

E toamnă, e iarnă şi gerul
Aduce pe toate pocladă
Si Liang a găsit în zăpadă
O vulpe. Ea e mesagerul
Trimis să-l aducă-n Tibetul
În care se află ce cată
Băiatul porneşte pe dată
Spre steiuri zorindu-se bietul.

Spre Muntele Cornului urcă
Lungi zile. Îşi află veleatul,
La margini de sat unde lacul,
Poteca spre pisc îi încurcă.
O fată frumoasă-i zâmbeşte
– Pot şti unde aflu o barcă?
Ea apa cu mâna încearcă
Adâncul, un lotus, iveşte.

– Hai urcă pe frunze! îi zice
Şi floarea va şti să te poarte
Acolo, pe munte, departe,
Iar eu aştepta-voi ferice!
Flăcăul spre zare purcede,
Un clipot aude spre seară
Şi frunza de lotus coboară
Copacul ales el îl vede.

Din verdele ceai ia lăstarul
Cu grijă la piept l-ocroteşte,
În vale, fumoasa peţeşte,
Spre casa lui calcă hotarul.
Tot arca de lotus îi poartă
Departe, departe, spre stele
Acasă, lăstaru'-n vâlcele-n
Izvor apa vie-şi deşartă.

În toate s-a-ntors armonia,
Izvoarele susură, codrul
Și câmpul îndrituie rodul
Si Liang a adus bucuria
În satul natal iar mireasa
Aleasă nevastă să-i fie
Gusta-a și ea apă vie,
Cu prunci dăruită li-i casa.

24 aug 2017

ÎMBLÂNZIREA APEI

E silnică viaţa? Povestea
Aceasta ne spune: în China
Când prunc era însăşi lumina
Doar câmpul e omului zestrea
Şi munca, desigur, dar cerul
Stârnise-mpotrivă-i puhoaie
Nimic nu creştea în noroaie
Iar iernile, pomilor, gerul

Le frânge tulpina firavă
Sunt ramuri lipsite de floare
Par cioturi sub raza de soare
Iar apa devine otravă.
Lui Yao-mpăratul, pe frunte
Un rid desenează-ngrijare,
Trimite spre triburi scrisoare
Iar solii purced să înfrunte

Întinderea rece de ape.
Sosit-au trimişii în vreme.
Yao porunci dă, să cheme
Pe Gun, de năpastă să-i scape.
Iar el s-a pornit să descoasă
O veche legendă, vrea sfatul,
Cum poate să-i dea Împăratul
Ceresc, învăţat de Ţestoasă,

Comoara Xirang cea dorită.
Ajuns la Kunlun trebuinţa

Îşi spune. Sigur neştiinţa
Vorbirii nu e răsplătită.
Ştiind ce urma-va să-ndure
Ajuns înapoi fără piatra
Menită să-i apere vatra,
El, Gun, a decis să o fure.

Şi gândul se schimbă în faptă
Ajunge în grabă acasă
Sub ape Xirang el apasă
Şi-o schimbă în stavilă dreaptă.
S-a-ntors pentru toţi bucuria,
Ţăranii lucrează pământul,
Înnoadă speranţa în cântul
Mănoasei rodiri pe câmpia

Ce numai un an află pace.
Stârneşte-mpăratul Ceresc
Furtunile, apele cresc,
Câmpia din nou s-o îmbrace.
E Gun pedepsit, Dayu, fiul
Nou meşter, el roagă ţestoasa
S-aleagă-n imperiu trasa,
Dragonul e-acum bidiviul

Ce urcă pe munţi, văi coboară
Pământul înalţă ori sapă
Canale şi curgeri de apă
Cu Xirang, supusa comoară.
Un dig e urgiei strânsoare,
Prin muntele Lomnen tunel
Dayu, Fluviul Galben, rebel
Îl face să curgă în mare.

Voinţa se schimbă în stâncă

Când toţi înţelepţii se-adună
La sfat şi apoi, împreună
Cu toţi lucrătorii, prin muncă
Îşi schimbă destinu-n rodire.
Dayu e ales împăratul
Ce-aduce cu truda, şi sfatul
Potopului greu, îmblânzire.

03 sep 2017

Zhinu și Niulang

Împărat Cerurilor
Ziua-ndrăgostiților...

Pământul nu-i stea dar e locul de joacă
A șapte prințese celeste. Cleștarul
Din lacul de munte le este hotarul
De scaldă când salcia pletele-și pleacă.
Curg stele-n oglindă, își leapădă haina,
Copilelor gureșe-n trup frăgezie,
Le vine din picurii de apă vie.
Pădurea le-ascunde pudoarea și taina.

Din toate Zhinu este cea mai frumoasă,
Mezina acelui ce sus, Împăratul
Se cheamă și ceru-i palatul
În care domnește și fetelor casă.
Ard ochii în flăcări, obrajii culoare
'mprumută în goana privirii spre astre
Tăcerea cerească-n nuanțe albastre
O prinde cu harul ei de țesătoare.

Ăst timp, pe Pământ, el, Niulang, muritorul
Orfan, muncitor, ziua boul își poartă
La muncă pe țarini bogate, de soartă
Nu-i nimeni să-ntrebe. Supus, truditorul,
În fiece seară, în locuri ferite
Îl duce să pască și vrute-nevrute
Povești de când lumea, de nimeni știute,
Își spun despre stelele tocmai ivite.

El boul fusese cândva o cometă,
Etern rătăcind, glob de gheaţă-ntre stele
Lumina ei albă tesută-i în piele
Când s-a pogorât, animal pe planetă.
- Cândva, de-oi muri, pielea mea o păstrează!
Nu-i nimeni să ştie când viaţa va cere
Să fii negăsit şi-nvelit în tăcere,
Sub ea să te-ascunzi, nimeni n-o să te vază!

Şi-apoi, într-o zi, cu destinul în frunte,
Flăcăul şi boul, sfârşiţi sunt de trudă
Ajung pân' aproape de larma zăludă
A şapte prinţese la scaldă, în munte.
Ascunde-i veşmintele! boul îndeamnă
Grăbit pe flacăul ce-şi poartă privirea
Pe trupul mezinei Zhinu, strălucirea
Din picurii vii spre iubire-l îndeamnă.

Un zgomot trădează prezenţa, îl ceartă
Degrabă să plece, ruşinea-i prea mare,
Dă-mi hainele-ndată! El pune-ntrebare:
- La schimb le primeşti să-mi fii soaţă în soartă?
Zhinu îl acceptă drept soţ iar iubirea
E vie în ani, au copii, sunt ferice,
Nimic căsnicia nu pare s-o strice...
În cer, împăratul îşi plimbă privirea

De lacrimi de dor spre Zhinu tulburată,
El mamei celeste dă sfat să oprească
Oricum şi îndată iubirea lumească
A bietului Niulang cu prea buna-i fată.
Porunca-i poruncă, degrabă coboară,
Prinţesa răpeşte, o pierde-n albastru
La marginea lumii, pe Vega, un astru

În urmă pe soţ şi copii îi doboară

Durerea adâncă. Scăpaţi de prigoană
Sub pielea măiastră ascunşi de urgie
Nu ştiu ce urmează ca mâine să fie.
Şi în adevăr, se coboară în goană
Vârtejul ce tatăl le smulge din casă
Şi-l poarta departe al dragostei bir
În alt univers, pe o stea, Altair
Şi-apoi vrăjitoarea începe să coasă

Cu acul de păr şi putere de fee,
Nu punte cumva pe cei doi să-i unească,
Ci zid de lumini cu tărie cerească,
De noi cunoscută drept Calea Lactee.
Întreg universul pe cei doi desparte
Din mila cerească au o singură zi
Din an cunoscută Festivalul Qixi
Ei dragostea-n doi mai departe să-şi poarte.

30 nov 2017

EPILOG

NOSCE TE IPSUM

Copacul din tine

Demult scrijelit pe frontoane de templu
Cu mâini de pietrari tremurate de opium
Tăcerea-mi îngaimă un „nosce te ipsum"
Eu, orbul din tine, purced să contemplu

Acest rai lumesc ce chiar zeii'l adoră
Furând feciorii prin mizere tertipuri
Neoameni ori fauni, nevrednice chipuri
Destin și preziceri de veacuri ignoră.

Ți's sevele hrană, cu vrajă mă dărui
Flămândul din mine nu vede dar simte
Că-i parte din astăzi, atent ia aminte
La calea spre mâine și teama mi-o nărui.

Sămânță-s și carceră sfântă mi-e oul
În care mă trec și înnod rădăcină
Lăstar resurect sub eterna lumină
La timpu'i cu rod consfințindu-se'n noul

Copac viguros, zămislitul din tine
Cândva scrijelit pe frontoane de templu
Azi simt, te iubesc, te conțin, te contemplu,
Ogor pământesc cu celeste cerine.

26 aug 2016

NEBUNUL

când scot de prin boccele câte-o carte
amestecând simboluri şi cuvinte
zâmbiţi sardonic, nu luaţi aminte
la gândul meu venit de prea departe

gândiţi că fără noimă vă rostesc
deşi sunt adevăruri transcendente
ascunse în priviri incandescente
ca prag între real şi nelumesc

eu sunt nebunul din lumini solare
şi mesager al vocii fără sunet
ce va schimba prin glasul său de tunet
frivolitatea voastră în candoare

mă trec prin timp urmând al zilei faur
atras de absolut şi insondabil
nătâng priviţi la mine şi probabil
n-aţi înţeles tăcerea mea de aur

05 aug 2006

HISTORIARUM

Biografie literară Ovidiu Oana-Pârâu

Am început să scriu poezie târziu, aproape de senectute.
Nu ştiam atunci că a te mărturisi prin cuvânt, doare!
Şi ea, poezia, m-a devorat zilnic până astăzi preţ de peste 3.700 de alcătuiri.

M-am împlinit prin aceste alcătuiri nu doar scriindu-le, ci dăruindu-le vouă, prietenilor din lumea reală şi din lumea virtuală.

Când a început?... la capătul a 10 ani de documentare, în anul 2004, am finalizat în prima formă manuscrisul Trilogiei „PROIECTUL UNEI LIMBI UNIVERSALE" singura istorie mondială a clopotelor de la origini până în zilele noastre.

În anul 2006 mi s-a făcut onoarea de a fi publicat în paginile suplimentului literar al cotidianului 24 ORE din Iaşi şi în antologia de poezie a Editurii ANAMAROL - "SPIRALELE VIEŢII".

În luna octombrie 2006 am lansat -la aceeaşi editură- volumul tematic "SURORI METRESE TIMPULUI" reunind ciclurile de poezie despre anotimpuri.

La finalul anului 2006 am publicat în format electronic volumul de poezie şi ghicitori "Jucării pentru copii".

În Octombrie 2008 am lansat volumul de versuri „Clopotul, limbaj universal" - o selecţie a celor mai frumoase poezii despre clopote din literatura universală care include şi ciclul „Arama" al subsemnatului.

În 2008 am apărut în antologia de poezie de dragoste "FREAMĂT DE TIMP — FREAMĂT DE DOR" al editurii 3D din Drobeta-Turnu Severin, iar poezie religioasă mi-a fost publicată în mai multe numere ale ziarului "Învierea" al Mitropoliei Banatului.

Din decembrie 2008 sunt prezent în antologia "Ce enigmatică eşti, femeie..." a editurii 3D din Drobeta Tr. Severin;

În 2012 am publicat basme şi legende versificate în Antologia „Simbioze Lirice" apărută la Editura Anamarol;

Tot în 2012 am publicat o selecţie de pasteluri în Antologia „Fântâni de gând prin univers", volum editat cu sprijinul Asociaţiei „Poezia Artelor".

În 2012 a apărut Antologia de poezie pentru copii „Cărticica mea de vară" în care am publicat ciclul de poezie „Jucării pentru copii".

În octombrie 2016 a aparut la Editura Coresi volumul de sonete „Răspunsuri pentru Will" menit să comemoreze 400 de ani de la trecerea în nemurire a Marelui Shakespeare.

În aceeaşi lună şi la aceeaşi editură am reeditat -după 10 ani de la apariţie- volumul tematic „Surori metrese timpului" lucrare de autor revăzută, cu completarea ciclurilor dedicate fiecărui anotimp şi la care am adăugat ciclul „În lumea necuvintelor" pasteluri despre natură şi lumea vie.

În Decembrie 2016 am lansat „Poveşti din veac", volum care aduna laolaltă basme, legende, povestiri istorice şi poveşti de Crăciun, toate ritmate de trepidanta curgere a Marii clepsidre universale.

În Ianuarie 2017 a apărut Volumul „Răspunsuri pentru Anne - Sonettina" reunind 153 sonete de dragoste. Titlul este un omagiu pentru DRAGOSTE, acest imperiu de frumos infinit, o bipolară parabolă, dar şi o dedicaţie pentru Anne Hathaway, soţia ignorată în scrierile sale de către Shakespeare.

În Făurar 2017 sau Luna lupilor cum i se mai spune, a venit vremea intâlnirii cu un alt personaj mitic: „Ucenic în dragoste - Dragobete". Prilej de a parcurge tărâmul dragostei zugrăvit în versuri de inspiraţie populară, cărora le-am adăugat ciclul de poezie tematică „Să fii, să fiu, să vrem".

Martie 2017 a fost luna apariţiei volumului „Doina, Dorul, Dumnezeu". Spuneam acolo: „Nu în fiecare zi te trezeşti cu Dumnezeu la masă când crezi că eşti sărac. Eu am păţit-o. Iar EL mi-a arătat cămara mea plină despre care nu ştiam."

Aşa am descoperit oraşul căruia îi sunt parte ca cetăţean cu vechime de aproape 250 de anotimpuri, dar şi martor ca stihuitor; în luna Aprilie 2017 am dat formă gândurilor poetului-cetăţean prin volumul „Clonapolis" - fotografia noastră de grup şi a oraşului năruit sub greutatea apucăturilor noastre.

Mai 2017... un alt Florar şi o nouă Primăvară mi-au adus un nou volum, vers în format clasic, „Şoaptă-mă!"din seria Ucenic în dragoste. Probabil l-aţi răsfoit... dar cuminţenia lui nu este totul, pentru că a urmat un alt volum, „Adie-mă!". Acesta a împrumutat din neastâmpărul lunii Cireşar 2017 şi provoacă pentru parcurgerea unor texte erotice şi senzuale, deopotrivă de provocatoare...

Volumul „Era să fiu poet", tipărit în Iulie 2017 nu încearcă să definească poezia şi rolul poetului în actul de creaţie. Sunt doar gânduri aşternute prin care încerc să răspund aceste provocări deosebite şi târzii: cazna de a trebui să scriu începând de la 52 de ani. Dacă mi-am aflat prin scris locul şi rostul va trebui să decideţi voi, cititorii.

Următorul volum a fost tipărit în August 2017 ca loc al unor altfel de mărturisiri ale Ucenicului în dragoste. Cuvintele curg lin, aproape lenevind sub povara amintirilor, însă libere să oglindească prin dezordinea versului alb, trăiri şi dialoguri reale sau poate doar imaginate. Titlul „Ucenic în alb" l-am ales ca să sublinieze noviciatul celor care au incredibila şansă să păşească în Regatul inimilor vrăjite.

Volumul „În valea umbrelor" tipărit în septembrie 2017 a fost scris amestecat, tot în cei 11 ani de când scriu, cuprinzând ideile mele despre marea trecere. În tot acest timp am trecut prin nenumărate morţi ale unor apropiaţi, mi-am pierdut tatăl şi sora, apoi mama, dureri îngrozitoare ce au estompat două momente de mare cumpănă ale mele. Şi totuşi mergem mai departe, iar Dumnezeu ne îngăduie să trecem prin viaţă şi chiar îndureraţi să vedem frumosul din jur, să-l gândim, să-l invocăm, să-l trăim iubind şi iubindu-ne.

În octombrie 2017 spuneam: IUBIREA este doar nevoia de celălalt; DRAGOSTEA este atunci când celălalt e deja în tine pentru totdeauna, iar „pentru totdeauna" înseamnă şi dincolo de moarte. Volumul de faţă, „Totul despre dragoste" face şi el parte din seria „Ucenic în dragoste", dar este o altfel de călătorie, un drum sinuos care atinge lumea poemelor în proză sub forma unor povestiri sau dialoguri imaginare, ori fărâme de alcături lirice plutind pe undele pârăului către marea veşnicie în care vor fi primite.

În noiembrie 2017 am pus capăt peregrinărilor „Ucenicului în dragoste". Cel de-al şaptelea volum al seriei l-am intitulat „Un rob în libertate" şi cuprinde altfel de încercări în dragoste ale sufletului, cele de la marginea gândurilor, acolo unde azurul se înegurează, cuvântul devine întâi tăios, apoi bolborosit. Nu-i vorba doar despre neîmplinire, ci de momente de rătăcire ale minţii care nu ştie să asculte sufletul.

Mai spuneam că nu trebuie să băgaţi în seamă răul din alcătuirile acelei cărţi, doar să învăţaţi că noi suntem întotdeauna răspunsul la propriile frământări.

„EU" am dorit să fie un volum autobiografic care să adauge câteva noi repere din cele peste 250 de anotimpuri ale mele la periplul meu prin lumea muzelor. Iată-mă la final de an şi în faţa ultimului prag al proiectului editorial lansat în octombrie 2016, proiect care s-a materializat în 15 volume, fiecare cu tematică aparte. Vor putea ele fi văzute ca o un tot? Mă veţi putea desluşi din acest noian de gânduri pe mine, omul? Sunt sigur ca fiecare cititor va avea propria părere.

Volumul „EU" declară cu glas răspicat că aici, pe Golgota mea literară, nu am ajuns singur ci alături de toţi cei care au crezut în mine şi au făcut posibil ca eu şi Editura Coresi să vă înfăţişăm rezultatul unor întâmplari care au durat doar 12 ani, ultimii de până acum.

TRILOGIA „HISTORIARUM" include în forma versificată:

Partea I - METAMORFOZELE lui Ovidius Publius Naso - este un demers personal de comemorare a 2000 de ani ai primului poet care a scris în limba şi pe tărîmul locuitorilor acestui neam.

Prin versificarea metamorfozelor şi lansarea lor în premieră în anticul Tomis -locul exilului său- la data de 19 Aprilie 2018, eu îndrăznesc o dublă reparaţie:
- includerea lui Ovid ca poet între ziditorii de limbă ai acestui neam;
- reconsiderarea unui aspect biografic controversat: „Se stie că în 18 d.H. (doar Eusebiu de la Caesarea menţionează anul 17) poetul a fost înmormântat cu mare fast în apropierea oraşului, chiar lângă porţile cetăţii (ante oppidimi portam). La fel, din poemul calendaristic Fasti, partea I, versurile 223-226, rezultă că în primăvara anului 18 d.Hr. poetul era încă în viaţă."

Partea a II-a - APA VIE - legende geto-dace - carte dedicată centenarului Marii Uniri ca omagiu adus de mine României moderne aşezată pe rădăcini ce străbat mai mult de 5 milenii. Legendele au fost primenite de pana autorului, dar ele conservă peste 100 de cuvinte identificate de către specialişti ca având-u-şi rădăcina în limba geto-dacă.

Istoria nu ne cere decât deschidere spre adevăr şi recunoaşterea limitelor noastre în a ne apropia de începuturile ei pentru a ne regândi devenirea.

Cunoaşterea moştenirii culturale ne înscrie într-o cronologie socială în care ne putem mai lesne identifica şi prin care ne putem legitima apartenenţa.

Partea a III-a - ATLASSPIRITUS - antologhează câteva dintre legendele lumii, unele foarte cunoscute, altele, mai puţin.

Tripla oglindă HISTORIARUM permite cititorului să conştientizeze universalitatea temelor aduse în discuţie precum şi conexiunile mitologice la scară planetară.

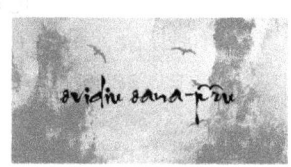

Martie 2018

Cuprins

Cuvânt înainte al autorului / 3

TRILOGIA HISTORIARUM (prolog) / 7
   ... şi au numit-o carte / 7

TRILOGIA HISTORIARUM (partea I) METAMORFOZELE / 9

GENEZE / 11
Neroditorul Haos / 11
Quattrum aetatum / 12
Potopul / 14
Cadmus / 16
Neclintitul Chronos / 18
Naiadele / 19
Amazoanele / 21
Muzele / 23
Erysichthon şi Metra / 27

ARIPI / 30
Prolog / 30
Memnon, pasărea durerii / 31
Porumbiţele / 33
Egretele / 35
Picus - Ciocănitoarea / 36
Scylla - Ciocîrlia / 38
Ceix şi Alcyone - lăstunii / 40
Filomela — privighetoare, Tereus — pupăză, Procnea — rîndunică / 43
Cycnus / 46
Aesacus / 48

SEVE DIN SÂNGE / 50
Prolog / 50
Dafne - lauri / 51

Driope – lotus / 53
Narcis / 55
Syrinx – trestia / 57
Philemon şi Baucis – stejarul şi teiul / 59
Myrrha – arborele de smirnă / 61
Adonis – dediţel / 64
Hyacinthus / 66
Cyparissus / 68

NECUVÂNTĂTOARELE / 70
Prolog / 70
Acteon – cerbul / 71
Arachne – păianjenul / 73
Atalanta şi Hippomene – leii / 75
Broaştele / 78
Juninca Io / 80
Cadmus şi Armonia şerpii / 82

PIETRELE / 84
Prolog / 84
Statuile / 85
Battus / 87
Aglaura / 89
Niobe / 91
Atlas / 94

ASTRE ŞI APE / 96
Prolog / 96
Calisto şi Arcas – Ursa Mare, Ursa Mică / 97
Cyane / 99
Arethusa / 101
Byblis / 103
Pegasus, Belorofon, Himera / 105

FINAL / 107

(Pytagora - învăţături despre transformare) sau Homo homini lupus / 107
Intoleranţii / 107

Astralis / 109
Menestrel prin lumi stelare / 109

TRILOGIA HISTORIARUM (partea a II-a) APA VIE - legende geto-dace versificate de ovidiu oana-pârâu / 117
   Prolog / 119
   Kogaion / 120
   ciocârlia tragănă! / 123
   Sphinx / 124
   Rhesus / 126
   Focul viu, Zamolxis / 127
   Lupul Alb / 129
   Deceneu / 131
   Solomonarii / 134
   Străbune bune şi nebune / 136
   Ştima apelor / 138
   Faraoancele / 140
   Sânnicoară / 142
   Teama copilului trac / 144
   Eroii neştiuţi / 145
   Când plâng bărbaţii / 146
   Alutus / 148
   Panaghia şi mirele Soare / 150
   Cobal şi Dochia / 152
   Legenda Muntelui Omu / 154
   Frumoasa / 156
   Siretul şi Bistriţa / 158
   Bradul / 160
   Detunata / 162
   Macul, lacrima iertării / 164
   Vântul / 167
   Vânturile din România: / 167

Fulgii / 169
Călucenii / 171
Vai, Ștefane! / 174
Frumosul Principe Cercel / 175
Dragobete - De unde vin ? / 177
Blestemul Dragobetelui / 178

LA FINAL / 179
Oana / 179
Când plâng bărbații / 182
Sinea patriei / 184
Ochii să-i deschizi, române! / 185

TRILOGIA HISTORIARUM (partea a III-a) Atlaspiritus - Legendele lumii transpuse de ovidiu oana-pârâu / 187
  PROLOG / 189
  perpetuum vivere / 189
  Solii din pribegii stelare / 190
  Furtuni trecute pe pământ / 191
  Uitarea / 193
  Regii / 194
  Lacrimile aurorei borealis / 195
  Odin / 196
  Sphinxul din Hatra / 198
  Dunărea / 199
  Festum fatuorum / 201
  Hoitarul Osiris / 205
  Mormânt de ape / 206
  Mărul fără adevăr / 208
  Brunhilda / 210
  Legenda numerelor / 212
  Calamum honorat equum / 214
  Dorul Roib / 215
  Azi, Roibul meu... / 216
  stăpânii dragostei / 217

Bucefal / 218
Caii morţii / 219
Sixtina plăsmuire / 223
Iisus, drumul sfânt / 224
Regele luminii / 225
Trăinicie / 226
Balaurul din Wagadu / 228
Letsatsi - Leul Alb / 230
Pele - Zeiţa din Kilauea / 232
Podul lui Rama / 234
Legenda trandafirului / 237
Legenda salciei / 239
conca / 241
sepia officinalis / 243
Măslinul / 244
Pasărea Phoenix / 245
Naiadele / 247
pârâu / 248
pârâul în naiadă / 250
Răsfăţ de ape / 252
Iubindu-te, m-am preschimbat în munte / 254
Zeiţa iubirii / 255
Rug ţi-e trupul / 256
Dar, orice început are în el şi sfârşitul: / 257

- *Legendele Chinei / 258*
Grădina Zeiţei de Jad / 258
Legenda Şarpelui Alb / 260
Povestea Privighetorii / 262
Arborele de ceai verde / 264
Îmblânzirea apei / 267
Zhinu şi Niulang / 270

EPILOG / 273
nosce te ipsum / 273

Copacul din tine / 273
nebunul / 274

HISTORIARUM / 275
Biografie literară Ovidiu Oana-Pârâu / 275

www.ingramcontent.com/pod-product-compliance
Lightning Source LLC
Chambersburg PA
CBHW062047080426
42734CB00012B/2575